FRANCISCO JESÚS GUERRERO CÁCERES

INICIACIÓN TÁCTICA DEL FÚTBOL SALA A TRAVÉS DEL JUEGO

Título: INICIACIÓN TÁCTICA DEL FÚTBOL SALA A TRAVÉS DEL JUEGO.

Autor: FRANCISCO JESÚS GUERRERO CÁCERES

Editorial: WANCEULEN EDITORIAL DEPORTIVA, S.L.
www.wanceulen.com

ISBN: 978-84-9993-234-7

Dep. Legal: SE 1386-2013
©Copyright: WANCEULEN EDITORIAL DEPORTIVA, S.L.
Primera Edición: Año 2013
Impreso en España: Publidisa

Reservados todos los derechos. Queda prohibido reproducir, almacenar en sistemas de recuperación de la información y transmitir parte alguna de esta publicación, cualquiera que sea el medio empleado (electrónico, mecánico, fotocopia, impresión, grabación, etc), sin el permiso de los titulares de los derechos de propiedad intelectual. Cualquier forma de reproducción, distribución, comunicación pública o transformación de esta obra solo puede ser realizada con la autorización de sus titulares, salvo excepción prevista por la ley. Diríjase a CEDRO (Centro Español de Derechos Reprográficos, www.cedro.org) si necesita fotocopiar o escanear algún fragmento de esta obra.

*A mi hijo Sergio y a mi mujer Inma,
por su apoyo constante*

ÍNDICE

1. INTRODUCCIÓN 9
2. ACCIONES TÁCTICAS DEFENSIVAS 11
   - 2.1. Repliegues 11
   - 2.2. Temporizaciones 17
   - 2.3. Coberturas 23
   - 2.4. Permutas 29
   - 2.5. Cambio de oponente 35
   - 2.6. Vigilancia 38
   - 2.7. Carga 41
   - 2.8. El marcaje 44
   - 2.9. Pressing 50
3. ACCIONES TÁCTICAS OFENSIVAS 57
   - 3.1. Ataque 57
   - 3.2. Contraataque 63
   - 3.3. Desmarques 69
   - 3.4. Rotaciones 75
   - 3.5. Espacios libres 81
   - 3.6. Apoyos y bloqueos 87
   - 3.7. Temporizaciones 94
   - 3.8. Aclarados 97
4. SISTEMAS DE JUEGO 101
   - 4.1. Sistema 2-2 101
   - 4.2. Sistema 1-2-1 106
   - 4.3. Sistema 3-1 110
   - 4.4. Sistema 4-0 114
5. ACCIONES A BALÓN PARADO 119
   - 5.1. Saque de centro 119
   - 5.2. Saque de banda 123
   - 5.3. Saque de falta 126
   - 5.4. Saque de córner 130
6. BIBLIOGRAFÍA 133

1. INTRODUCCIÓN

Este libro va dirigido específicamente tanto a entrenadores/as de fútbol sala como a maestros/as de educación física, ya que mis planteamientos y los recursos que ofrezco son esenciales para una buena iniciación deportiva, y más concretamente para la iniciación táctica que es a lo que básicamente va a ir dirigido este libro, y en concreto a la iniciación táctica del fútbol sala. Pero también de forma general a todas aquellas personas que estén relacionadas de alguna u otra manera con el campo de las actividades físicas y los deportes.

El libro básicamente se basa en contextualizar teóricamente los distintos aspectos tácticos del fútbol sala, además de proponer una serie de juegos para su iniciación deportiva. He divido el contenido del libro en tres partes principalmente: acciones tácticas, sistemas de juego y acciones a balón parado. A su vez las acciones tácticas las he dividido en dos grupos fundamentalmente: acciones tácticas defensivas y acciones tácticas ofensivas. Las primeras serían cuando el equipo no tiene la posesión del balón y realiza una acción defensiva y las segundas cuando el equipo tiene la posesión del balón atacando al equipo adversario.

Para la contextualización teórica de los elementos tácticos me he basado fundamentalmente en los libros *"Táctica, Estrategia y Sistemas de juego de fútbol sala"* de la Real Federación Española de Fútbol y *"Fútbol sala: la táctica y sus ejercicios"* de Francisco Valdericeda.

Mi propuesta es válida, pero mi intención es que sea una base para fomentar la imaginación y creatividad de los entrenadores/as, que ellos creen sus propios juegos para trabajar cualquier aspecto táctico en la iniciación al fútbol sala. Todos los juegos son válidos lo único necesario es darle el matiz necesario, para conseguir el objetivo que se proponga el entrenador/a. El progreso de nuestros jugadores/as en la iniciación a este deporte va a depender de la forma en que diseñemos nuestros entrenamientos.

A continuación describo los signos, y su significado, que he utilizado para las representaciones gráficas.

- ● Balón
- ◉ Atacante con balón
- ○ Compañero
- □ Defensor y ayudante
- ■ Entrenador
- --→ Pase
- ⟶ Desplazamiento sin balón
- ⟹ Tiro a puerta
- ⋀⋁→ Conducción
- 🗆↗ Regate
- ⊣ Bloqueo
- △ Conos

2. ACCIONES TÁCTICAS DEFENSIVAS

2.1. REPLIEGUES

Son todos aquellos movimientos que un equipo realiza hacia su portería después de perder el balón en una acción de ataque. Los jugadores/as vuelven lo más rápido posible a su posición de partida, para evitar ser sorprendidos por el rival.

Los tipos de repliegues se clasifican dependiendo del número de jugadores/as, del lugar del campo y de la posición de los jugadores/as.

A) Dependiendo del número de jugadores/as: individuales o colectivos.

El repliegue individual es el movimiento de retroceso que realiza un jugador/a para volver a su posición de partida.

El repliegue colectivo es el movimiento de retroceso que realiza todo el equipo al perder el balón al realizar una jugada de ataque y encontrarse lejos de su portería y con la posición perdida.

B) Dependiendo del lugar del campo: intensivo o no intensivo.

El repliegue será intensivo o no intensivo dependiendo del lugar del campo desde dónde se realice. Si la acción de ataque termina lejos de su portería el repliegue será no intensivo, pero si por el contrario el equipo pierde el balón cerca de su portería el repliegue será intensivo.

C) Dependiendo de la posición de los jugadores/as: posicional o aposicional.

El repliegue será posicional si los jugadores/as terminan la acción en su posición habitual. En cambio, será aposicional cuando los jugadores/as terminen el repliegue manteniendo la misma posición con la que han acabado en ataque. Este tipo de repliegue es el más habitual hoy en día.

A la hora de ejecutar un repliegue correctamente hay que ocupar el espacio de juego y los espacios antes que el oponente, evitar que el equipo contrario ejecute con rapidez el ataque o contraataque, establecer los marcajes rápidamente y nunca descompensar las diferentes líneas del equipo.

A continuación os presento mi propuesta lúdica para trabajar los repliegues:

NOMBRE: "¡Soy el más rápido!"
EDAD: 8 años en adelante.
AGRUPACIÓN: Gran grupo.
MATERIAL: Ninguno.
OBJETIVOS: Iniciar a la táctica defensiva.
CONTENIDOS: Repliegues.
DESARROLLO: Los jugadores/as se colocan en el fondo de la pista. A la señal del entrenador/a correrán hacia la pared, de espalda, lo más rápido posible. El primer jugador/a en conseguirlo sumará un punto. Gana el jugador/a que consiga llegar a cinco puntos.
VARIANTES: Aumentar la distancia de juego, aumentar o disminuir el número de puntos a conseguir para ganar...
REPRESENTACIÓN GRÁFICA:

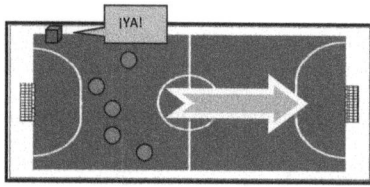

NOMBRE: "Pilla-repliegue"
EDAD: 8 años en adelante.
AGRUPACIÓN: Gran grupo.
MATERIAL: Ninguno.
OBJETIVOS: Iniciar a la táctica defensiva.
CONTENIDOS: Repliegues.
DESARROLLO: Es un juego de pillar en el que un jugador/a se la queda y tiene que pillar al resto de compañeros/as. Los jugadores/as no podrán ser pillados si corren hacia atrás. Cuando el jugador/a que se la queda pille a alguien intercambian los roles. **VARIANTES**: Disminuir el espacio de juego, aumentar el número de jugadores/as que se la quedan...
REPRESENTACIÓN GRÁFICA:

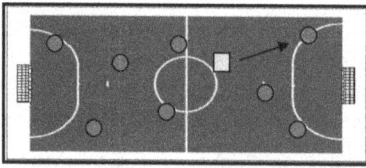

NOMBRE: "Repliegue intensivo"
EDAD: 8 años en adelante.
AGRUPACIÓN: Gran grupo.
MATERIAL: Ninguno.
OBJETIVOS: Iniciar a la táctica defensiva.
CONTENIDOS: Repliegues intensivos.
DESARROLLO: Todos los jugadores/as se desplazan libremente por el campo del equipo contario. Cuando el entrenador diga "repliegue intensivo", los jugadores/as realizarán hacia su portería un repliegue intensivo. Los repliegues siempre se realizarán desplazándose hacia atrás. El último jugador/a en realizar el repliegue sumará un punto negativo. Gana el jugador/a que menos puntos negativos sume.
VARIANTES: Ejecutar repliegues posicionales, aposicionales...
REPRESENTACIÓN GRÁFICA:

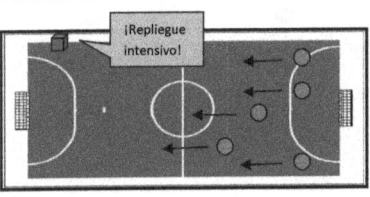

NOMBRE: "Repliegue y gol"
EDAD: 8 años en adelante.
AGRUPACIÓN: Sextetos.
MATERIAL: 12 conos, 3 balones de fútbol sala y petos.
OBJETIVOS: Iniciar a la táctica defensiva.
CONTENIDOS: Repliegues.
DESARROLLO: Se disputa un tres contra tres en un espacio delimitado. El equipo que ataca cuando pierda el balón tendrá que replegar rápidamente. Los repliegues siempre se ejecutarán mirando hacia el balón. Cada vez que lo ejecuten bien sumarán un punto. Por cada gol conseguido también sumarán un punto. Gana el equipo que más puntos consiga.
VARIANTES: Ejecutar repliegues posicionales, aposicionales, intensivos, no intensivos, aumentar o disminuir el espacio de juego, cuatro contra cuatro, cinco contra cinco...
REPRESENTACIÓN GRÁFICA:

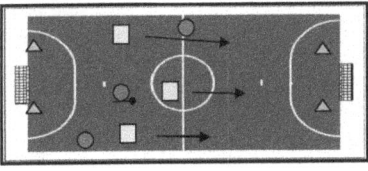

NOMBRE: "Recupero mi posición"
EDAD: 8 años en adelante.
AGRUPACIÓN: Gran grupo.
MATERIAL: Ninguno.
OBJETIVOS: Iniciar a la táctica defensiva.
CONTENIDOS: Repliegues.
DESARROLLO: Situados de cuatro en cuatro en el fondo de la pista y a la señal del entrenador/a, los jugadores/as realizarán un repliegue posicional o aposicional tomando como referencia unos conos. Los repliegues siempre se ejecutan desplazándose hacia atrás. Los jugadores/as van saliendo de cuatro en cuatro por oleadas.
VARIANTES: Reducir el espacio de juego, practicar repliegues intensivos, no intensivos...
REPRESENTACIÓN GRÁFICA:

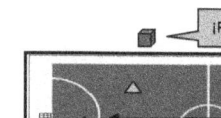

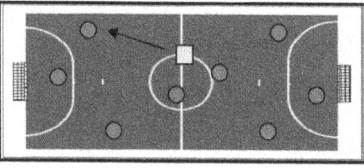

NOMBRE: "Los replegadores"
EDAD: 8 años en adelante.
AGRUPACIÓN: Gran grupo.
MATERIAL: Ninguno.
OBJETIVOS: Iniciar a la táctica defensiva.
CONTENIDOS: Repliegues.
DESARROLLO: Es un juego de pillar en el que uno se la queda ("el replegador"). Este jugador/a siempre se desplaza hacia atrás mientras los demás se desplazan como quieran. Cuando toque a alguien se convierte en "replegador" y continúa pillando junto a él. Los "replegadores" siempre corren hacia atrás. El juego termina cuando todos los jugadores/as estén convertidos en "replegadores".
VARIANTES: Reducir el espacio de juego...
REPRESENTACIÓN GRÁFICA:

NOMBRE: "Posicional y aposicional"
EDAD: 8 años en adelante.
AGRUPACIÓN: Gran grupo.
MATERIAL: Ninguno.
OBJETIVOS: Iniciar a la táctica defensiva.
CONTENIDOS: Repliegues.
DESARROLLO: Los jugadores/as se colocan por parejas a la altura del centro del campo, en frente uno del otro. Uno se llamará "posicional" y otro "aposicional". Si el entrenador/a dice "posicional", el jugador/a llamado con ese nombre saldrá corriendo en busca de su compañero/a y si dice "aposicional" pasará lo contrario. El jugador/a que tiene que escapar tiene que correr siempre hacia atrás. El jugador/a que consiga pillar o escapar sumará un punto. Gana el jugador/a que más puntos sume.
VARIANTES: Variar la posición de partida (de rodillas, sentados, cubito supino...), reducir o aumentar el espacio de juego, cambiar de pareja...
REPRESENTACIÓN GRÁFICA:
      POSICIONAL   *APOSICIONAL*

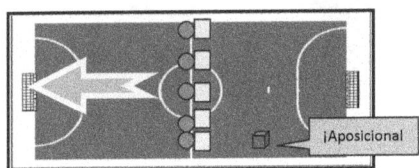

NOMBRE: "El entrenador/a manda"
EDAD: 8 años en adelante.
AGRUPACIÓN: Gran grupo.
MATERIAL: Ninguno.
OBJETIVOS: Iniciar a la táctica defensiva.
CONTENIDOS: Repliegues.
DESARROLLO: Todos los jugadores/as se sitúan a la altura del centro del campo en frente del entrenador/a. Si el entrenador/a levanta los dos brazos todos los jugadores/as replegarán posicionalmente y si por el contrario levanta solo un brazo los jugadores/as realizarán un repliegue aposicional. Se trabajará con grupos de cuatro. Según la ejecución del grupo se valorará del 1 al 5. Ganará el equipo que mejor valoración consiga. El repliegue siempre se ejecutará desplazándose hacia atrás.
VARIANTES: Variar la posición de partida (de rodillas, sentados, cubito supino)...
REPRESENTACIÓN GRÁFICA:

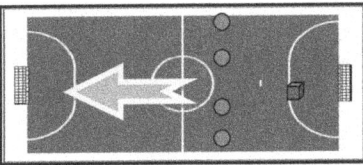

NOMBRE: "Repliego cuando pierdo el balón"
EDAD: 8 años en adelante.
AGRUPACIÓN: Quintetos.
MATERIAL: 3 balones de fútbol sala.
OBJETIVOS: Iniciar a la táctica defensiva.
CONTENIDOS: Repliegues.
DESARROLLO: Situados en grupos de cinco, cuatro de los jugadores/as se pasan el balón y un jugador/a que se la queda en medio intentará robarles el balón. Cuando lo consiga los cuatro jugadores/as realizarán un repliegue hacia el lugar indicado por el entrenador/a. El repliegue siempre se ejecutará desplazándose hacia atrás.
VARIANTES: Limitar el número de toques por jugador/a, ejecutar el repliegue de una manera específica: posicional, aposicional...
REPRESENTACIÓN GRÁFICA:

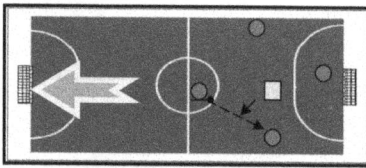

NOMBRE: "El partido de los repliegues"
EDAD: 8 años en adelante.
AGRUPACIÓN: Gran grupo.
MATERIAL: 1 balón de fútbol sala y petos.
OBJETIVOS: Iniciar a la táctica defensiva.
CONTENIDOS: Repliegues.
DESARROLLO: En este juego se disputa un partido de fútbol sala pero con una condición. Cada vez que un equipo pierda el balón en ataque debe replegar en menos de 5". El entrenador/a contará el tiempo, si el equipo no lo consigue se le adjudicará un gol en contra. El entrenador/a irá disminuyendo el tiempo según el nivel de sus jugadores/as en el ejercicio. El repliegue siempre se ejecutará desplazándose hacia atrás.
VARIANTES: Reducir el tiempo para replegar, ejecutar el repliegue de una manera específica: posicional, aposicional...
REPRESENTACIÓN GRÁFICA:

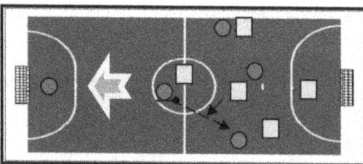

2.2 TEMPORIZACIONES

Las temporizaciones son las acciones que sirven para ganar tiempo sobre el avance de un contrario. Para que lleguen a buen fin hay que realizarlas con astucia e intentando engañar al adversario.

Es importante que el contrario dude obligándole a pensar e incomodándole en la acción de juego, de esta manera ganaremos tiempo para conseguir robarle el balón al adversario o recuperar la igualdad numérica.

Las temporizaciones se pueden realizar durante el transcurso normal del partido, cuando el contrario esté elaborando su jugada, cuando saque el portero rival y queremos evitar que saque rápido y cuando el contrario ejecute alguna acción a balón parado. En todas estas acciones es muy importante temporizar para evitar el objetivo del equipo contrario. De esta manera ganaremos tiempo sobre el adversario para que nuestros compañeros/as se replieguen.

Este concepto táctico se puede realizar de distintas formas: temporizando al jugador/a con balón, al saque del portero o a los saques a balón parado.

A) <u>Al jugador/a con balón</u>: temporizaremos al jugador/a con balón evitando que avance hacia nuestra portería, amagándole la entrada o haciéndole dudar de su carrera. Intentando ganar tiempo para que nuestros compañeros/as recuperen la posición perdida.

B) <u>Al saque del portero</u>: estas temporizaciones se realizan al portero, situándose el jugador/a en la línea de saque del portero, evitando de esta manera que saque rápido u obligándole a que tenga que cambiar la trayectoria de su saque.

C) <u>A los saques a balón parado</u>: se intenta engañar al adversario para que no saque con rapidez la acción a balón parado o que tenga que modificar la trayectoria del saque.

Todas estas temporizaciones obligan a pensar al adversario, reducen el tiempo de ejecución de la jugada y permite recuperar la igualdad numérica para defender al equipo contrario, recuperando de esa forma la posición defensiva. Por ello es muy importante dedicarle el tiempo necesario a este concepto táctico en la iniciación deportiva al fútbol sala.

A continuación os presento mi propuesta lúdica para trabajar las temporizaciones:

NOMBRE: "El temporizador/a astuto"
EDAD: 8 años en adelante.
AGRUPACIÓN: Parejas.
MATERIAL: Ninguno.
OBJETIVOS: Iniciar a la táctica defensiva.
CONTENIDOS: Temporizaciones.
DESARROLLO: Los jugadores/as se colocan por parejas al fondo de la pista. Uno de la pareja debe cruzarse el campo de fondo a fondo y el otro jugador/a irá temporizando para evitar que consiga su objetivo. El jugador/a que temporiza se desplazará siempre mirando al adversario. Cuando lo consiga cambio de roles, y así sucesivamente.
VARIANTES: Realizar el juego con balón, aumentar o disminuir la superficie de juego...
REPRESENTACIÓN GRÁFICA:

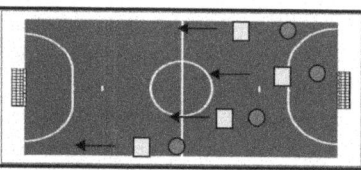

NOMBRE: "Temporizo el ataque adversario"
EDAD: 8 años en adelante.
AGRUPACIÓN: Tríos.
MATERIAL: 5 balones de fútbol sala.
OBJETIVOS: Iniciar a la táctica defensiva.
CONTENIDOS: Temporizaciones.
DESARROLLO: Los jugadores/as se colocan por tríos al fondo de la pista. Dos se pasarán el balón intentando avanzar hacia campo contrario y el otro jugador/a temporizará para evitar que consigan el objetivo. No vale entrar al rival, sólo temporizar. Cuando lo consigan cambiarán los roles, y así sucesivamente.
VARIANTES: Aumentar o disminuir la superficie de juego, ejecutar el ejercicio tres contra dos, cuatro contra tres...
REPRESENTACIÓN GRÁFICA:

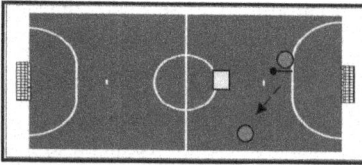

NOMBRE: "Corriente de temporizaciones"
EDAD: 8 años en adelante.
AGRUPACIÓN: Gran grupo.
MATERIAL: Ninguno.
OBJETIVOS: Iniciar a la táctica defensiva.
CONTENIDOS: Temporizaciones.
DESARROLLO: Los jugadores/as se colocan al fondo de la pista. Cuatro jugadores/as se la quedan en medio. Los jugadores/as deben cruzar de un fondo a otro y los jugadores/as que se la quedan deben temporizar intentado que no crucen pero sin tocarlos. Los cuatro últimos jugadores/as en cruzar la pista pasarán a quedársela.
VARIANTES: Aumentar o disminuir la superficie de juego, aumentar el número de jugadores/as que se la quedan...
REPRESENTACIÓN GRÁFICA:

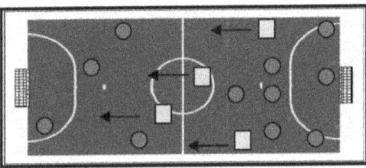

NOMBRE: "Si temporizo no me pillan"
EDAD: 8 años en adelante.
AGRUPACIÓN: Gran grupo.
MATERIAL: Ninguno.
OBJETIVOS: Iniciar a la táctica defensiva.
CONTENIDOS: Temporizaciones.
DESARROLLO: Típico juego de pillar en el que un jugador/a se la queda y tiene que pillar a alguno de sus compañeros/as. Los jugadores/as no podrán ser pillados si consiguen temporizar la acción del jugador/a que pilla, es decir, engañándole, amagándole otra acción... Pero siempre de cara al adversario.
VARIANTES: Aumentar o disminuir la superficie de juego, aumentar el número de jugadores/as que se la quedan...
REPRESENTACIÓN GRÁFICA:

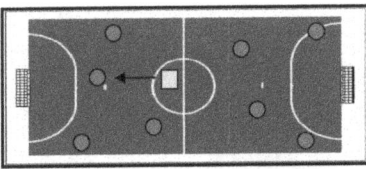

NOMBRE: "Campeonato de temporizaciones"
EDAD: 8 años en adelante.
AGRUPACIÓN: Gran grupo.
MATERIAL: 3 balones de fútbol sala.
OBJETIVOS: Iniciar a la táctica defensiva.
CONTENIDOS: Temporizaciones.
DESARROLLO: De uno en uno, todos los jugadores/as temporizarán a un adversario que se desplaza de un fondo a otro de la pista con balón, intentando que tarde el mayor tiempo posible en cruzar la pista. Calcularemos el tiempo que tarda en cruzar el jugador/a con balón la pista. Ganará el jugador/a que temporizando la acción del adversario consiga retrasar más el cruzar la pista. Sólo temporizar.
VARIANTES: Disminuir la superficie de juego, dos contra uno, tres contra dos...
REPRESENTACIÓN GRÁFICA:

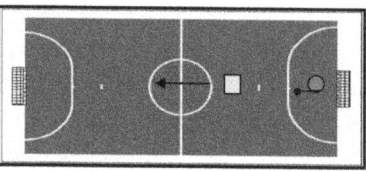

NOMBRE: "El partido de las temporizaciones"
EDAD: 8 años en adelante.
AGRUPACIÓN: Gran grupo.
MATERIAL: 1 balón de fútbol sala y petos.
OBJETIVOS: Iniciar a la táctica defensiva.
CONTENIDOS: Temporizaciones.
DESARROLLO: Se disputa un partido de futbol sala (5 contra 5). Este partido tendrá una condición y es que cada vez que el equipo que ataque pierda el balón, tendrá que temporizar la acción de ataque del adversario. Si el equipo defensor consigue que el equipo atacante tarde más de 10" en cruzar su campo conseguirá de nuevo la posesión del balón. En campo adversario no vale entrar al rival, sólo temporizar. Una vez que pasen el centro campo las normas del juego son como las de cualquier partido.
VARIANTES: Disminuir el tiempo límite para cruzar al campo adversario...
REPRESENTACIÓN GRÁFICA:

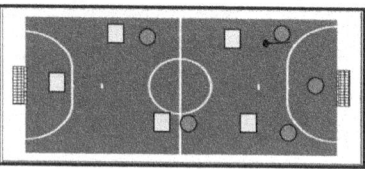

NOMBRE: "El tres contra dos"
EDAD: 8 años en adelante.
AGRUPACIÓN: Gran grupo.
MATERIAL: 3 balones de fútbol sala, 12 conos y petos.
OBJETIVOS: Iniciar a la táctica defensiva.
CONTENIDOS: Temporizaciones.
DESARROLLO: En un espacio delimitado de 20x20 se disputa un partido de tres contra dos. El equipo atacante siempre tendrá tres jugadores/as y el equipo defensor dos, para ello el último jugador/a que toque el balón del equipo atacante pasará automáticamente al otro equipo que va a iniciar la jugada, y así sucesivamente. De esta manera, el equipo que defiende, al tener sólo dos jugadores/as tiene que intentar siempre temporizar la acción del adversario.
VARIANTES: Aumentar o disminuir la superficie de juego...
REPRESENTACIÓN GRÁFICA:

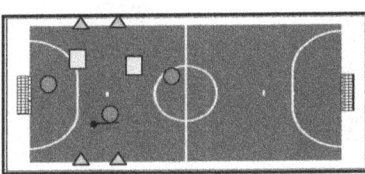

NOMBRE: "Sino temporizo me invaden"
EDAD: 8 años en adelante.
AGRUPACIÓN: Gran grupo.
MATERIAL: 1 balón de fútbol sala y petos.
OBJETIVOS: Iniciar a la táctica defensiva.
CONTENIDOS: Temporizaciones.
DESARROLLO: Se disputa un partido de fútbol sala (5 contra 5). Este partido tiene la condición de que si el rival consigue llegar a campo adversario ataca con un jugador/a más. Entonces el equipo que defiende debe temporizar la jugada del adversario para que no pase a su campo.
VARIANTES: Aumentar o disminuir la superficie de juego...
REPRESENTACIÓN GRÁFICA:

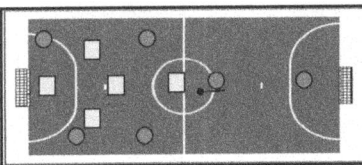

NOMBRE: "Sólo puedo temporizar"
EDAD: 8 años en adelante.
AGRUPACIÓN: Gran grupo.
MATERIAL: 3 balones de fútbol sala, 12 conos y petos.
OBJETIVOS: Iniciar a la táctica defensiva.
CONTENIDOS: Temporizaciones.
DESARROLLO: Se disputa un tres contra tres en un espacio delimitado de 20x20. Los jugadores/as nunca pueden entrar al adversario para robarle el balón sino que tienen que conseguir la posesión del balón utilizando como único recurso técnico o táctico las temporizaciones.
VARIANTES: Aumentar o disminuir la superficie de juego, aumentar o disminuir el número de jugadores/as...
REPRESENTACIÓN GRÁFICA:

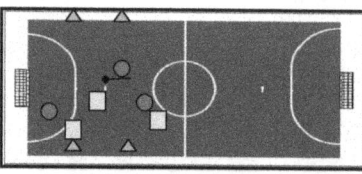

NOMBRE: "Temporizaciones mímicas"
EDAD: 8 años en adelante.
AGRUPACIÓN: Gran grupo.
MATERIAL: Ninguno.
OBJETIVOS: Iniciar a la táctica defensiva.
CONTENIDOS: Temporizaciones.
DESARROLLO: Este juego consiste en que por quintetos tienen que representar mímicamente una acción de juego en la que se utilicen las temporizaciones. Gana el grupo que mejor lo represente mímicamente.
VARIANTES: Jugar por parejas, tríos, cuartetos...
REPRESENTACIÓN GRÁFICA:

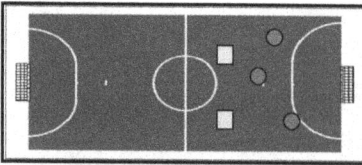

2.3. COBERTURAS

Se puede definir este concepto táctico como la acción que realiza un jugador/a para ayudar a un compañero/a que puede ser desbordado por un adversario.

El jugador/a que realiza la cobertura siempre se sitúa detrás de su compañero/a, esperando por si el rival lo supera, para entrar al atacante. La cobertura puede ser realizada por cualquier compañero/a de equipo que se encuentre detrás del jugador/a desbordado por el atacante. Para ello es muy importante estar concentrado en el juego.

Esta acción táctica se convierte en fundamental para defender al adversario, porque sino el rival, una vez que supere a su defensor, se encontraría sin ningún marcaje y con total comodidad para realizar la siguiente acción (conducción hacia portería, pase, tiro a puerta...). Un jugador/a defensor no debe realizar una entrada al atacante hasta que no esté cubierto por un compañero/a, en este caso debe temporizar.

Para realizar una cobertura tenemos que tener en cuenta: el lugar del campo donde se va a realizar, las características técnicas del adversario y la posición en el terreno de juego tanto de sus compañeros/as como de los jugadores/as contrarios. Otra factor a considerar es la vigilancia, que es la acción que realizan los defensores sobre los jugadores/as atacantes que en principio no van a participar en la jugada de forma inmediata.

Los tipos de coberturas se pueden clasificar en:

A) Sobre un compañero/a: son las realizadas directamente sobre un rival.

B) Sobre una línea: son las realizadas sobre una línea de compañeros/as, estando preparado para cubrir a cualquier compañero/a que sobrepase el adversario.

C) En diagonal: se realiza en equipo, el equipo se coloca escalonadamente estando preparado para cubrir acciones en diagonal tanto a derecha como a izquierda.

La cobertura tiene muchos aspectos favorables, entre ellos: tener siempre la ayuda de un compañero/a, tener un mayor control del juego en defensa, permutar con el compañero/a que te cubre, evitar espacios libres... Pero no funcionará este recurso táctico sino se sacrifican todos los jugadores/as, además es necesario una gran preparación física y mucha concentración.

A continuación os presento mi propuesta lúdica para trabajar las coberturas:

NOMBRE: "Pilla-cubre"
EDAD: 8 años en adelante.
AGRUPACIÓN: Gran grupo.
MATERIAL: Ninguno.
OBJETIVOS: Iniciar a la táctica defensiva.
CONTENIDOS: Coberturas.
DESARROLLO: Es un típico juego de pillar en el que un jugador/a se la queda y tiene que pillar al resto de compañeros/as. Los jugadores/as no podrán ser pillados si en ese momento tienen detrás de ellos a un compañero/a agarrado a su espalda, es decir, un compañero/a lo está cubriendo. Sólo vale agarrarse a la espalda de un compañero/a cuando va a ser pillado. Cuando el que se la queda pille a alguien intercambiarán los roles.
VARIANTES: Reducir el espacio de juego, aumentar el número de jugadores/as que se la quedan...
REPRESENTACIÓN GRÁFICA:

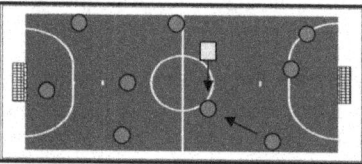

NOMBRE: "Me siento cubierto"
EDAD: 8 años en adelante.
AGRUPACIÓN: Septetos.
MATERIAL: Ninguno.
OBJETIVOS: Iniciar a la táctica defensiva.
CONTENIDOS: Coberturas.
DESARROLLO: Se divide al equipo en grupos de 7. Todos los jugadores/as se colocan en círculo menos un jugador/a que es el que se la queda y se sitúa en el centro del círculo. El jugador/a que se la queda irá señalando al jugador/a que quiera. Al jugador/a que señale le deben realizar la cobertura en el menor tiempo posible uno de los dos compañeros/as que están a su lado.
VARIANTES: Realizar la cobertura con dos jugadores/as, con tres jugadores/as...
REPRESENTACIÓN GRÁFICA:

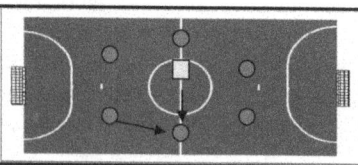

NOMBRE: "El comodín de las coberturas"
EDAD: 8 años en adelante.
AGRUPACIÓN: Septetos.
MATERIAL: 2 balones de fútbol sala, 8 conos y petos.
OBJETIVOS: Iniciar a la táctica defensiva.
CONTENIDOS: Coberturas.
DESARROLLO: Se disputa un tres contra tres en un espacio delimitado de 20x20. A parte de los jugadores/as de cada equipo habrá un comodín que siempre irá con el equipo que defienda. El jugador/a comodín estará en todo momento haciendo la cobertura al jugador/a que defiende al atacante con balón.
VARIANTES: Aumentar el número de jugadores/as por equipo o comodines...
REPRESENTACIÓN GRÁFICA:

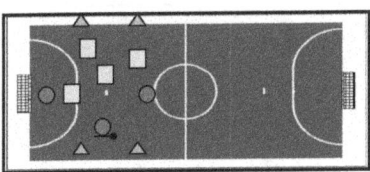

NOMBRE: "Rétame"
EDAD: 8 años en adelante.
AGRUPACIÓN: Tríos.
MATERIAL: 5 balones de fútbol sala.
OBJETIVOS: Iniciar a la táctica defensiva.
CONTENIDOS: Coberturas.
DESARROLLO: Se divide al equipo en tríos. Uno de los jugadores/as intentará regatear a un compañero/a que lo defiende. Al defensor le estará realizando en todo momento la cobertura un compañero/a y entrará en acción si el atacante desborda al defensor. Cada tres minutos intercambiarán los roles.
VARIANTES: Disminuir el espacio de juego, dos contra dos, tres contra tres...
REPRESENTACIÓN GRÁFICA:

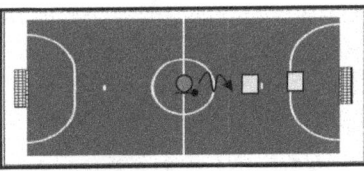

NOMBRE: "¡Yo, cubro!"
EDAD: 8 años en adelante.
AGRUPACIÓN: Gran grupo.
MATERIAL: Ninguno.
OBJETIVOS: Iniciar a la táctica defensiva.
CONTENIDOS: Coberturas.
DESARROLLO: Todos los jugadores/as se desplazan por el espacio y a la voz del entrenador/a tienen que agarrarse a la espalda de un compañero/a. Todos los jugadores/a que se agarren a la espalda de un compañero/a sumarán un punto. Los jugadores/as que sean agarrados no suman nada. Ganará el jugador/a que más puntos consiga.
VARIANTES: Disminuir el espacio de juego....
REPRESENTACIÓN GRÁFICA:

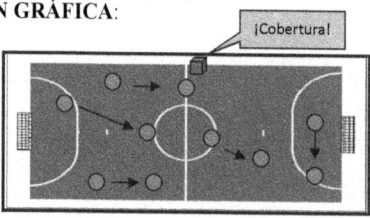

NOMBRE: "¡Si cubro, ataco!"
EDAD: 8 años en adelante.
AGRUPACIÓN: Gran grupo.
MATERIAL: 1 balón de fútbol sala y petos.
OBJETIVOS: Iniciar a la táctica defensiva.
CONTENIDOS: Coberturas.
DESARROLLO: Se disputa un partido de fútbol sala (5 contra 5). El partido tendrá una premisa especial, cada vez que el equipo realice una cobertura correctamente ganará la posesión del balón. Es decir, cuando el jugador/a atacante desborde a un adversario y automáticamente sea defendido por otro jugador/a que estaba haciendo la cobertura perderá la posesión del balón.
VARIANTES: Aumentar o disminuir la superficie de juego, aumentar o disminuir el número de jugadores/as...
REPRESENTACIÓN GRÁFICA:

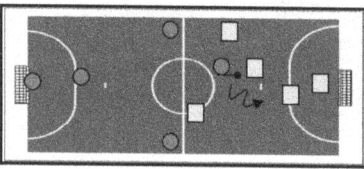

NOMBRE: "Los espías"
EDAD: 8 años en adelante.
AGRUPACIÓN: Gran grupo.
MATERIAL: 1 balón de fútbol sala.
OBJETIVOS: Iniciar a la táctica defensiva.
CONTENIDOS: Coberturas.
DESARROLLO: Todos los jugadores/as se sitúan en círculo y van pasándose el balón entre ellos. Tres jugadores/as se la quedan fuera del círculo, siempre uno de ellos debe situarse detrás del jugador/a que tiene el balón. Cada 3´ intercambiarán los roles.
VARIANTES: Aumentar o disminuir la superficie de juego, aumentar o disminuir el número de jugadores/as...
REPRESENTACIÓN GRÁFICA:

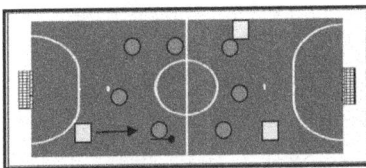

NOMBRE: "La cobertura veloz"
EDAD: 8 años en adelante.
AGRUPACIÓN: Gran grupo.
MATERIAL: 1 balón de fútbol sala y petos.
OBJETIVOS: Iniciar a la táctica defensiva.
CONTENIDOS: Coberturas.
DESARROLLO: Se disputa un partido de fútbol sala. Cada equipo tendrá además dos jugadores/as que se sitúan detrás de su portería. Cuando un jugador/a defensor sea desbordado por un atacante saldrán los dos jugadores/a corriendo para hacerle la cobertura. El primero que llegue defenderá al atacante. El otro jugador/a se saldrá del campo y será sustituido por otro. Ganará el jugador/a que esté más tiempo haciendo coberturas.
VARIANTES: Aumentar el número de jugadores/as que realizan la cobertura...
REPRESENTACIÓN GRÁFICA:

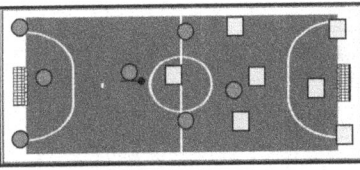

NOMBRE: "¡Por favor, cúbreme!"
EDAD: 8 años en adelante.
AGRUPACIÓN: Cuartetos.
MATERIAL: 3 balones de fútbol sala y 12 conos.
OBJETIVOS: Iniciar a la táctica defensiva.
CONTENIDOS: Coberturas.
DESARROLLO: Se disputa un 1x1 en un espacio delimitado por conos. Dos jugadores/as se encuentran fuera del espacio delimitado, cuando un jugador/a sea desbordado por el atacante tendrán que ir los dos jugadores/a que están fuera a realizar la cobertura. El jugador/a que realice primero la cobertura pasará a disputar el 1x1, pasando el jugador/a que ha sido desbordado por el atacante a realizar las coberturas.
VARIANTES: Variar el número de jugadores/as que realizan coberturas...
REPRESENTACIÓN GRÁFICA:

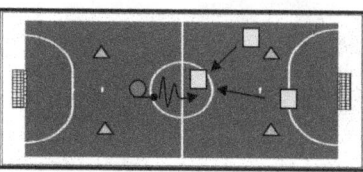

NOMBRE: "El rey cubierto"
EDAD: 8 años en adelante.
AGRUPACIÓN: Quintetos.
MATERIAL: 3 balones de fútbol sala.
OBJETIVOS: Iniciar a la táctica defensiva.
CONTENIDOS: Coberturas.
DESARROLLO: Se divide al grupo en quintetos. Un jugador/a se la queda y tiene que pasar el balón de fútbol sala a un compañero/a. El jugador/a que reciba el balón deberá ser rodeado (cubierto) por todos los compañeros/as lo más rápido posible. El último jugador/a que lo consiga se la quedará y procederá a pasar el balón.
VARIANTES: Aumentar o disminuir la superficie de juego, aumentar o disminuir el número de jugadores/as en cada grupo...
REPRESENTACIÓN GRÁFICA:

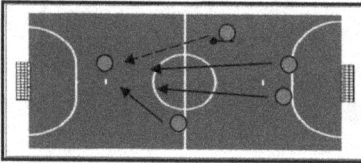

2.4. PERMUTAS

Este gesto técnico se utiliza cuando un compañero/a ha tenido que realizarnos una cobertura, en ese momento tendríamos que ir a ocupar la posición que ha dejado libre nuestro compañero/a. Ocupar el espacio del compañero/a que nos ha cubierto sería una permuta.

Para ejecutar este gesto técnico correctamente tiene que haber buena comunicación entre los dos compañeros/as, es decir la ayuda de ambos jugadores/as debe ser recíproca. En el momento que uno falle la permuta no se ejecutará con la eficacia necesaria para el buen desarrollo del juego. El jugador/a que reciba la cobertura tiene que ser responsable y ocupar el espacio libre que ha dejado nuestro compañero/a en el terreno de juego.

La ejecución de este gesto técnico debe ser muy sistemático para poder evitar el ataque del equipo rival. El equipo atacante tendrá superioridad en ataque si el jugador/a no permuta rápido por lo que aumenta las posibilidades de poder acabar con éxito la jugada de ataque, es decir, conseguir gol.

Teniendo en cuenta la jugada del adversario, no siempre la permuta la realiza el jugador/a que ha sido desbordado, sino que en otras ocasiones tiene que ser realizada por el jugador/a más cercano. De esta manera, igualaremos numéricamente al equipo contrario y estaremos en condiciones de defender la jugada adversaria con más posibilidades de éxito.

Los tipos de permutas se pueden clasificar en: permutas al espacio y permutas al hombre.

A) Las permutas al espacio son las que se realizan para ocupar el espacio que dejó nuestro compañero/a al realizarnos la cobertura.

B) Las permutas al hombre consiste en marcar al adversario que ha dejado libre el compañero/a al tener que realizarnos la cobertura.

Para ejecutar una permuta con eficacia hay que tener en cuenta la concentración en el juego, tener sentido de sacrificio y de trabajo en equipo, pleno reconocimiento con el rol de ayudante, tener capacidad de decisión, identificación con el juego sin balón y universalidad de los jugadores/as.

A continuación os presento mi propuesta lúdica para trabajar las permutas:

NOMBRE: "Si permuto no me pillan"
EDAD: 8 años en adelante.
AGRUPACIÓN: Gran grupo.
MATERIAL: 6 conos.
OBJETIVOS: Iniciar a la táctica defensiva.
CONTENIDOS: Permutas.
DESARROLLO: Típico juego de pillar en el que un jugador/a se la queda y tiene que pillar al resto de sus compañeros/as. Los compañeros/as para no ser pillados podrán permutar su posición con algún jugador/a de los que se encuentran en las dos casas situadas en cada fondo de la pista. En cada casa habrá dos jugadores/as. Cuando el jugador/a pille a alguien intercambiarán los roles.
VARIANTES: Reducir la superficie de juego, aumentar el número de jugadores/as que pillan...
REPRESENTACIÓN GRÁFICA:

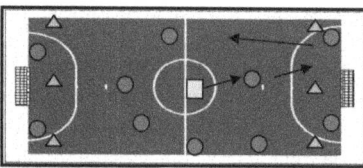

NOMBRE: "¡Salvo a mi compi!"
EDAD: 8 años en adelante.
AGRUPACIÓN: Gran grupo.
MATERIAL: Ninguno.
OBJETIVOS: Iniciar a la táctica defensiva.
CONTENIDOS: Permutas.
DESARROLLO: Un jugador/a se la queda y tiene que pillar a un compañero/a señalado anteriormente. Si un jugador/a se cruza en la trayectoria entre ambos jugadores/as salvará a su compañero/a, pero se convertirá en el jugador/a que tiene que pillar el jugador/a que se la queda, y así sucesivamente intentando salvarse los compañeros/as los unos a los otros. Cuando el jugador/a pille a alguien intercambiarán los roles.
VARIANTES: Reducir la superficie de juego...
REPRESENTACIÓN GRÁFICA:

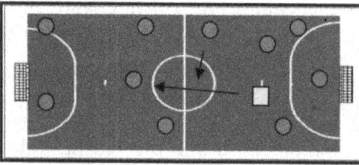

NOMBRE: "Las gallinas y los polluelos"
EDAD: 8 años en adelante.
AGRUPACIÓN: Gran grupo.
MATERIAL: Ninguno.
OBJETIVOS: Iniciar a la táctica defensiva.
CONTENIDOS: Permutas.
DESARROLLO: Los jugadores/as se sitúan por parejas siendo uno el polluelo y otro la gallina. Todas las parejas se sitúan en círculo. En el centro se coloca el jugador/a que se la queda. Éste dirá "polluelos" o "gallinas", en este caso todos los polluelos o todas las gallinas permutarán entre sí las posiciones. El jugador/a que se la queda tiene que ocupar un espacio libre dejado por los polluelos y las gallinas. Cuando lo consiga intercambiará los roles con el jugador/a que se quede sin sitio.
VARIANTES: Aumentar el espacio de juego...
REPRESENTACIÓN GRÁFICA:

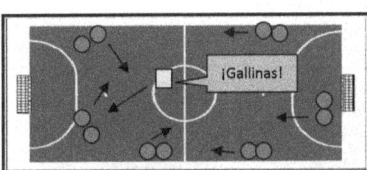

NOMBRE: "Entrar en la fortaleza"
EDAD: 8 años en adelante.
AGRUPACIÓN: Gran grupo.
MATERIAL: 4 conos.
OBJETIVOS: Iniciar a la táctica defensiva.
CONTENIDOS: Permutas.
DESARROLLO: Se limita con conos un círculo grande. Dentro del círculo hay 4 jugadores/as y fuera están el resto de los jugadores/as. Alrededor del círculo se sitúa un jugador/a que es el que se la queda y tiene que pillar a los que están fuera. Los jugadores/as que están fueran tienen que pasar dentro pero siempre permutando su posición con un jugador/a de dentro. Dentro del círculo no se puede pillar. Cuando el jugador/a que se la queda pille a alguien intercambiarán los roles. Cada vez que un jugador/a consiga entrar dentro del círculo permutando la posición sumará un punto.
VARIANTES: Aumentar el número de jugadores/as que pillan...
REPRESENTACIÓN GRÁFICA:

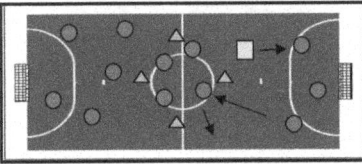

NOMBRE: "Los relevos con permutas"
EDAD: 8 años en adelante.
AGRUPACIÓN: Gran grupo.
MATERIAL: Ninguno.
OBJETIVOS: Iniciar a la táctica defensiva.
CONTENIDOS: Permutas.
DESARROLLO: Se forman cuatro equipos de cuatro jugadores/as, dos se sitúan en un fondo de la pista, otro en el centro de campo y el otro en el otro fondo. Es una carrera de relevos en la que los jugadores/as permutarán las posiciones. El primero comienza y dará el relevo al jugador/a que está en el centro del campo, después se desplazará hasta el fondo que está el compañero/a y dará el relevo, volviendo hacia atrás para darle el relevo al compañero/a que se quedó en el centro del campo, y así sucesivamente durante dos minutos. El equipo que quede primero sumará un punto. Se repetirá el juego y ganará el equipo que más puntos sume.
VARIANTES: Reducir el espacio de juego...
REPRESENTACIÓN GRÁFICA:

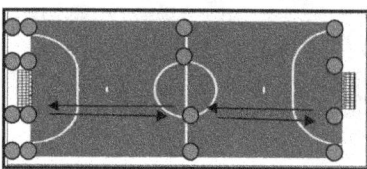

NOMBRE: "Tres contra tres con permutas"
EDAD: 8 años en adelante.
AGRUPACIÓN: Septetos.
MATERIAL: 8 conos, 2 balones de fútbol sala y petos.
OBJETIVOS: Iniciar a la táctica defensiva.
CONTENIDOS: Permutas.
DESARROLLO: Se disputa un partido 3x3 en un espacio de 20x20. Habrá un jugador/a comodín que siempre jugará con el equipo que defiende y sólo realizará coberturas. Cada vez que un equipo realicé una permuta correctamente después de una cobertura recuperará la posición del balón. Ganará el equipo que más goles marque.
VARIANTES: Aumentar el espacio de juego, aumentar el número de jugadores/as...
REPRESENTACIÓN GRÁFICA:

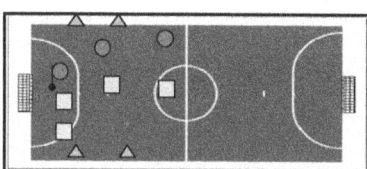

NOMBRE: "Los tres conos"
EDAD: 8 años en adelante.
AGRUPACIÓN: Cuartetos.
MATERIAL: 12 conos.
OBJETIVOS: Iniciar a la táctica defensiva.
CONTENIDOS: Permutas.
DESARROLLO: Se forman grupos de cuatro jugadores/as. Cada jugador/a se sitúa en un cono excepto el jugador/a que se la queda que se sitúa en el medio. Los jugadores/as que están en los conos irán permutando su posición libremente y el jugador/a que se la queda intentará situarse en un cono cuando se quede libre. Cuando lo consiga intercambiará el rol y así sucesivamente.
VARIANTES: Aumentar el espacio de juego, aumentar el número de jugadores/as...
REPRESENTACIÓN GRÁFICA:

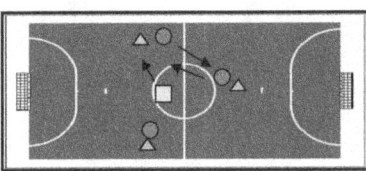

NOMBRE: "La palmada"
EDAD: 8 años en adelante.
AGRUPACIÓN: Gran grupo.
MATERIAL: Ninguno.
OBJETIVOS: Iniciar a la táctica defensiva.
CONTENIDOS: Permutas.
DESARROLLO: Se forman dos equipos que se sitúan uno en frente del otro. Un jugador/a se la queda e irá a dar una palmada a un jugador/a del equipo contrario. Los dos jugadores/as saldrán corriendo hacia la posición en la que estaba el jugador/a que le dió la palmada. El primero que llegue sumará un punto para su equipo. El jugador/a que pierda sigue quedándosela. Gana el equipo que más puntos sume.
VARIANTES: Aumentar el espacio de juego, aumentar el número de jugadores/as que dan la palmada...
REPRESENTACIÓN GRÁFICA:

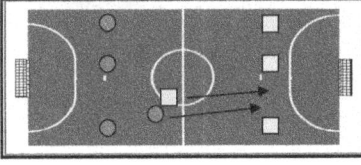

NOMBRE: "La permuta vale como un gol"
EDAD: 8 años en adelante.
AGRUPACIÓN: Gran grupo.
MATERIAL: 1 balón de fútbol sala y petos.
OBJETIVOS: Iniciar a la táctica defensiva.
CONTENIDOS: Permutas.
DESARROLLO: Partido de fútbol sala. Además de los goles que marque cada equipo, cada vez que un equipo realice correctamente una permuta después de una cobertura sumará un gol. Gana el equipo que más goles consiga, tanto por las permutas como los que marque en la portería del adversario.
VARIANTES: Recuperar la posición del balón después de una permuta...
REPRESENTACIÓN GRÁFICA:

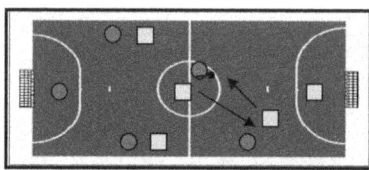

NOMBRE: "Permuto si es mi número"
EDAD: 8 años en adelante.
AGRUPACIÓN: Gran grupo.
MATERIAL: Ninguno.
OBJETIVOS: Iniciar a la táctica defensiva.
CONTENIDOS: Permutas.
DESARROLLO: Se divide la clase en dos equipos que se colocan uno en frente de otro. Todos los jugadores/as estarán numerados del uno al seis. El entrenador/a dirá un número y los jugadores/as con esos números permutarán sus posiciones. El jugador/a que alcance antes la posición del adversario sumará un punto para su equipo. Ganará el equipo que más puntos sume.
VARIANTES: Variar la posición de salida, desplazarse en las permutas hacia atrás, lateral...
REPRESENTACIÓN GRÁFICA:

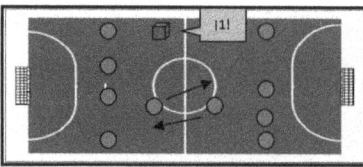

2.5. CAMBIO DE OPONENTE

El cambio de oponente es una acción táctica en la que dos defensores intercambian a sus oponentes en una acción del juego. Con esta acción se pretende economizar esfuerzos entre compañeros/as, además de no perder la posición defensiva ante los movimientos ofensivos del equipo adversario. Para poder ejecutar el cambio de oponente con eficacia es necesaria una buena comunicación entre compañeros/as, velocidad de decisión y ejecución, además de concentración en el juego para leer la jugada del equipo atacante.

Este concepto táctico defensivo es muy importante trabajarlo en la iniciación deportiva al fútbol sala, ya que permitirá al jugador/a de fútbol sala una mayor eficacia en su labor defensiva.

A continuación os presento mi propuesta lúdica para trabajar los cambios de oponente:

NOMBRE: "¡Cambio de oponente!"
EDAD: 8 años en adelante.
AGRUPACIÓN: Gran grupo.
MATERIAL: Ninguno.
OBJETIVOS: Iniciar a la táctica defensiva.
CONTENIDOS: Cambio de oponente.
DESARROLLO: Todos los jugadores/as se desplazan por parejas por el terreno de juego. Uno de la pareja será defensor y el otro atacante. Cuando el entrenador/a diga "cambio de oponente" todos los jugadores/as defensores cambiarán de oponente.
VARIANTES: Desplazarse de diferentes formas, reducir el espacio de juego...
REPRESENTACIÓN GRÁFICA:

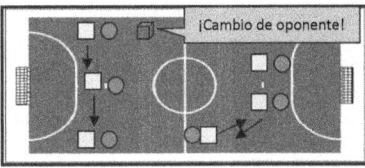

NOMBRE: "Pilla-pilla con cambios"
EDAD: 8 años en adelante.
AGRUPACIÓN: Gran grupo.
MATERIAL: Ninguno.
OBJETIVOS: Iniciar a la táctica defensiva.
CONTENIDOS: Cambio de oponente.
DESARROLLO: Los jugadores/as se colocan por parejas. Una de las parejas se la queda y tiene que pillar al resto de parejas. Las parejas no podrán ser pilladas si en el momento que van a ser pilladas se intercambian con otras parejas. Cuando la pareja pille a otra pareja intercambiarán los roles.
VARIANTES: Aumentar el número de parejas que pillan, variar la forma de desplazamiento, reducir el espacio de juego...
REPRESENTACIÓN GRÁFICA:

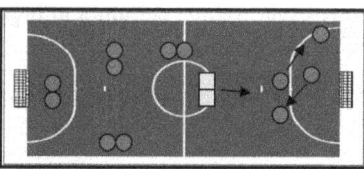

NOMBRE: "Los relevos intercambiadores"
EDAD: 8 años en adelante.
AGRUPACIÓN: Gran grupo.
MATERIAL: Ninguno.
OBJETIVOS: Iniciar a la táctica defensiva.
CONTENIDOS: Cambio de oponente.
DESARROLLO: Se forman tres grupos de 5 jugadores/as. En cada grupo se forman dos parejas quedando uno libre. Se disputa una carrera de relevos desde un fondo hasta el centro del campo. El jugador/a sin emparejar se coloca en el centro del campo. A la señal del entrenador/a saldrán las primeras parejas, cuando lleguen con su compañero/a del centro del campo uno de la pareja intercambiará su posición con él, volviendo la pareja formada al lugar de salida y dando el relevo a la siguiente pareja, y así sucesivamente durante 4 relevos. Ganará el equipo que termine primero.
VARIANTES: Variar la forma de desplazamiento, aumentar el espacio de juego...
REPRESENTACIÓN GRÁFICA:

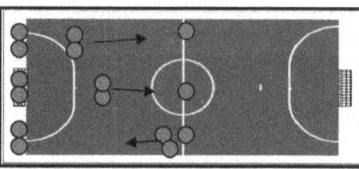

NOMBRE: "Eficacia en defensa"
EDAD: 8 años en adelante.
AGRUPACIÓN: Sextetos.
MATERIAL: 2 balones de fútbol sala, 8 conos y petos.
OBJETIVOS: Iniciar a la táctica defensiva.
CONTENIDOS: Cambio de oponente.
DESARROLLO: Se disputa un partido de tres contra tres en un espacio delimitado de 20x20. Las porterías estarán formadas por conos. Además de los goles que marque cada equipo, también sumará un punto a su marcador por cada cambio de oponente que realice el equipo que defienda correctamente. Ganará el equipo que más puntos tenga.
VARIANTES: Aumentar el número de jugadores/as por equipo...
REPRESENTACIÓN GRÁFICA:

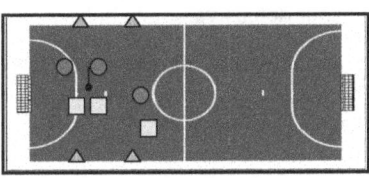

NOMBRE: "¡Si está en mi zona, defiendo a mi oponente!"
EDAD: 8 años en adelante.
AGRUPACIÓN: Quintetos.
MATERIAL: 3 balones de fútbol sala.
OBJETIVOS: Iniciar a la táctica defensiva.
CONTENIDOS: Cambio de oponente.
DESARROLLO: Dividimos al equipo en quintetos. Cuatro jugadores/as se colocan repartidos a lo largo de la pista en una zona asignada. Un jugador/a con balón irá desplazándose por el terreno de juego. El jugador/a atacante será defendido pasivamente por el jugador/a que tenga esa zona asignada. Cada 2´ se intercambian los roles de los jugadores/as.
VARIANTES: Defender activamente, aumentar el número de atacantes...
REPRESENTACIÓN GRÁFICA:

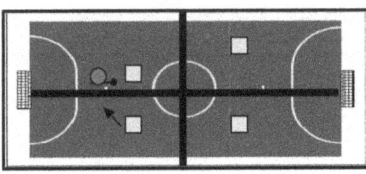

2.6. VIGILANCIA

La vigilancia es la acción táctica defensiva que realizan los jugadores/as defensores sobre los atacantes que no intervienen directamente en el juego, es decir, que no tienen la posesión del balón. No sólo se debe defender bien al jugador/a con balón sino que hay que vigilar a todos los jugadores/as atacantes ya que nos pueden sorprender en cualquier momento.

Este concepto táctico defensivo es muy importante trabajarlo en la iniciación deportiva al fútbol sala, ya que permitirá al jugador/a de fútbol sala una mayor eficacia en su labor defensiva.

A continuación os presento mi propuesta lúdica para trabajar la vigilancia:

NOMBRE: "El vigilante"
EDAD: 8 años en adelante.
AGRUPACIÓN: Quintetos.
MATERIAL: 3 balones de fútbol sala.
OBJETIVOS: Iniciar a la táctica defensiva.
CONTENIDOS: Vigilancia.
DESARROLLO: Dividimos al equipo en quintetos. Cuatro jugadores/as se colocan formando un círculo y el otro jugador/a se sitúa dentro. Los jugadores/as del círculo irán pasándose un balón con el pie y el jugador/a que está dentro vigilará a cualquier jugador/a que no tenga el balón. Cada 2 minutos intercambiarán los roles.
VARIANTES: Aumentar el número de vigilantes...
REPRESENTACIÓN GRÁFICA:

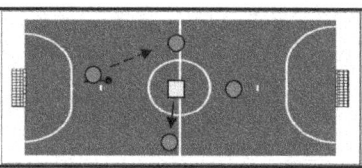

NOMBRE: "Pillo al hombre sin balón"
EDAD: 8 años en adelante.
AGRUPACIÓN: Gran grupo.
MATERIAL: 4 balones de fútbol sala.
OBJETIVOS: Iniciar a la táctica defensiva.
CONTENIDOS: Vigilancia.
DESARROLLO: Un jugador/a se la queda y tiene que pillar al resto de compañeros/as. Se repartirán 4 balones de fútbol sala entre los compañeros/as no pudiendo ser pillado el jugador/a con balón. Por tanto cuando un jugador/a va a ser pillado los compañeros/as intentarán pasarle el balón y salvarlo. El jugador/a que se la queda solo puede pillar a los jugadores/as que no tengan balón.
VARIANTES: Aumentar el número de jugadores/as que pillan, reducir el espacio de juego, aumentar el número de balones...
REPRESENTACIÓN GRÁFICA:

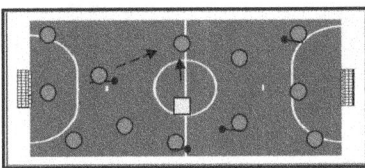

NOMBRE: "O vigilo o pierdo"
EDAD: 8 años en adelante.
AGRUPACIÓN: Sextetos.
MATERIAL: 2 balones de fútbol sala, 8 conos y petos.
OBJETIVOS: Iniciar a la táctica defensiva.
CONTENIDOS: Vigilancia.
DESARROLLO: Se disputa un partido de tres contra tres en un espacio delimitado de 20x20. Las porterías estarán formadas por conos. No se podrá dar más de dos toques por jugador/a al balón, aumentando de esta manera la importancia de la vigilancia ya que el jugador/a con balón necesita el apoyo de sus compañeros/as. Ganará el equipo que más goles marque.
VARIANTES: Aumentar el número de jugadores/as por equipo, disminuir el número de toques por jugador/a...
REPRESENTACIÓN GRÁFICA:

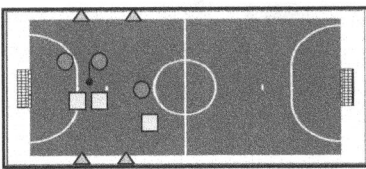

NOMBRE: "Partido con comodines vigilantes"
EDAD: 8 años en adelante.
AGRUPACIÓN: Gran grupo.
MATERIAL: 1 balón de fútbol sala y petos.
OBJETIVOS: Iniciar a la táctica defensiva.
CONTENIDOS: Vigilancia.
DESARROLLO: Partido de fútbol sala con un comodín que siempre será del equipo defensor. Este jugador/a ayudará siempre a sus compañeros/a a vigilar a los hombres sin balón. Gana el equipo que más goles consiga.
VARIANTES: Aumentar el número de comodines...
REPRESENTACIÓN GRÁFICA:

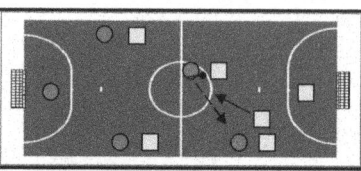

NOMBRE: "Evitar al vigilante"
EDAD: 8 años en adelante.
AGRUPACIÓN: Gran grupo.
MATERIAL: Balones de fútbol sala.
OBJETIVOS: Iniciar a la táctica defensiva.
CONTENIDOS: Vigilancia.
DESARROLLO: Todos los jugadores/as se sitúan en el fondo del campo y tienen que pasar al otro fondo a la señal del entrenador/a. En el centro del campo se sitúa un jugador/a que se la queda y tiene que pillar al resto de compañeros/as, sólo se puede desplazar por la línea del centro del campo. Los compañeros/as se irán pasando un balón de fútbol sala. El jugador/a que se la queda sólo podrá pillar a los jugadores/as que no tengan balón. Cuando pille a alguien intercambiará los roles.
VARIANTES: Aumentar el número de jugadores/as que pillan, aumentar el número de balones...
REPRESENTACIÓN GRÁFICA:

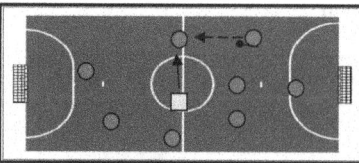

2.7. CARGA

La carga es la acción táctica defensiva que realiza un jugador/a sobre el adversario, cuando éste se encuentra con la posesión del balón o intenta obtener la posesión del mismo, empujando hombro con hombro reglamentariamente. También puede efectuar una carga el jugador/a que se encuentra con la posesión del balón, con la intención de protegerlo.

Este concepto táctico defensivo es muy importante trabajarlo en la iniciación deportiva al fútbol sala, ya que permitirá al jugador/a de fútbol sala una mayor eficacia en su labor defensiva.

A continuación os presento mi propuesta lúdica para trabajar la carga:

NOMBRE: "Pilla pilla con cargas"
EDAD: 8 años en adelante.
AGRUPACIÓN: Gran grupo.
MATERIAL: Ninguno.
OBJETIVOS: Iniciar a la táctica defensiva.
CONTENIDOS: Carga.
DESARROLLO: Típico juego de pillar en el que un jugador/a se la queda y tiene que pillar a los demás jugadores/as. El jugador/a que se la queda sólo puede pillar si realiza una carga con el hombro a otro jugador/a. La carga debe ejecutarse correctamente. Cuando lo consiga intercambia el rol con el jugador/a que ha pillado. No vale salirse del espacio delimitado.
VARIANTES: Aumentar el número de jugadores/as que pillan, reducir el espacio de juego...
REPRESENTACIÓN GRÁFICA:

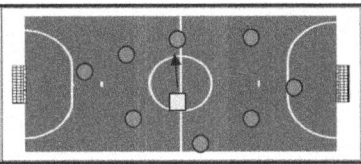

NOMBRE: "Relevos y cargas"
EDAD: 8 años en adelante.
AGRUPACIÓN: Gran grupo.
MATERIAL: 2 balones de fútbol sala.
OBJETIVOS: Iniciar a la táctica defensiva.
CONTENIDOS: Carga.
DESARROLLO: Se forman dos equipos y se disputa una carrera de relevos. En cada equipo los jugadores/as se colocan por parejas. A la señal del entrenador/a, una pareja por equipo cargando hombro con hombro, saldrán corriendo hacia el centro del campo girarán alrededor de un cono y volverán hacia atrás, lo más rápido posible, para darle el relevo a sus compañeros/as. Ganará el equipo que termine primero la carrera.
VARIANTES: Aumentar el espacio de la carrera de relevos, uno de los jugadores/as con balón...
REPRESENTACIÓN GRÁFICA:

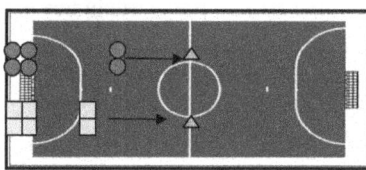

NOMBRE: "Si cargo correctamente recupero el balón"
EDAD: 8 años en adelante.
AGRUPACIÓN: Gran grupo.
MATERIAL: 1 balón de fútbol sala.
OBJETIVOS: Iniciar a la táctica defensiva.
CONTENIDOS: Carga.
DESARROLLO: Partido de fútbol sala en el que se enfrentan dos equipos de cinco jugadores/as cada uno. Cada vez que un jugador/a realice una carga correctamente a un adversario recuperará la posesión del balón. Ganará el equipo que más goles consiga marcar.
VARIANTES: Cada carga ejecutada correctamente cuenta como un gol, aumentar o disminuir el número de jugadores/as por equipo...
REPRESENTACIÓN GRÁFICA:

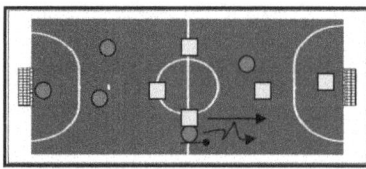

NOMBRE: "Velocidad de carga"
EDAD: 8 años en adelante.
AGRUPACIÓN: Gran grupo.
MATERIAL: 12 balones de fútbol sala.
OBJETIVOS: Iniciar a la táctica defensiva.
CONTENIDOS: Carga.
DESARROLLO: Todos los jugadores/as del equipo se desplazan libremente por el terreno de juego con un balón de fútbol sala, menos uno que tendrá que cargar correctamente a todos sus compañeros/as en el menor tiempo posible. El jugador/a que reciba la carga se sentará y así sucesivamente hasta que todos estén sentados. Por el rol de jugador/a que carga tienen que pasar todos los jugadores/as. Ganará el jugador/a que en menos tiempo consiga sentar a todos sus compañeros/as.
VARIANTES: Aumentar el número de jugadores/as que cargan, reducir el espacio de juego...
REPRESENTACIÓN GRÁFICA:

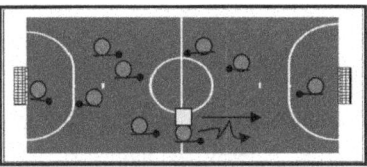

NOMBRE: "Sólo puedo cargar"
EDAD: 8 años en adelante.
AGRUPACIÓN: Parejas.
MATERIAL: 8 balones de fútbol sala.
OBJETIVOS: Iniciar a la táctica defensiva.
CONTENIDOS: Carga.
DESARROLLO: Todos los jugadores/as se sitúan por parejas, un jugador/a con balón y el otro sin balón. El jugador/a que no tiene balón tiene que intentar robarle el balón al compañero/a pero utilizando siempre para ello la carga. Todo balón que no sea robado utilizando una carga, que le ayude a ello, no valdrá. Cuando robe el balón intercambiarán los roles y así sucesivamente.
VARIANTES: Reducir el espacio de juego, dos contra dos, tres contra tres...
REPRESENTACIÓN GRÁFICA:

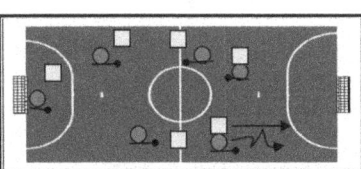

2.8. EL MARCAJE

Son las acciones que realizan los jugadores/as del equipo que no tiene la posesión del balón sobre el equipo atacante. El marcaje conlleva acciones individuales y colectivas para intentar neutralizar el ataque del adversario ya sea apropiándose del balón o haciéndole perder el control del mismo.

Esta acción táctica comienza en el mismo momento que el equipo adversario se apropia del balón. El marcaje será más estricto cuanto más cerca esté el equipo adversario de nuestra portería. Es importante que el jugador/a se oriente correctamente para realizar el marcaje, debe colocarse entre el adversario que está marcando y la portería que defiende. La orientación sobre el adversario podrá ser: detrás, al lado y delante.

- Detrás: se realiza cuando el contrario ataca hacia nuestra portería en sentido perpendicular.

- Al lado: el jugador/a defensor se orienta así cuando la acción atacante se desarrolla en la banda opuesta de donde se encuentran marcador y oponente. Es una situación muy frecuente en los marcajes al pívot.

- Delante: se usa con poca frecuencia, en general es desaconsejable. Se utiliza sobre todo en acciones de saque de banda colocándonos delante del pívot para que no reciba el balón y el cierre lo utiliza también para intentar ganar la posesión al pívot anticipándose a la acción.

Los tipos de marcaje se pueden clasificar en: marcaje hombre a hombre, en zona, alternativo o combinado, defensa mixta y defensa de cambios.

El <u>marcaje hombre a hombre</u> es cuando el jugador/a defensor realiza el marcaje sobre un atacante concreto, persiguiéndole por todas las zonas del campo en los momentos y circunstancias en que el juego lo requiera.

El <u>marcaje en zona</u> es cuando a un jugador/a se le encomienda una zona del campo, de esa zona se hace responsable y marcará a aquel jugador/a que pase por ella.

El <u>marcaje alternativo o combinado</u> es la utilización conjunta y alternativa de los dos tipos de marcajes anteriores, hombre a hombre y en zona. Este marcaje en el fútbol sala suele ser muy utilizado porque raramente se utiliza una defensa individual pura o la zona pura.

La <u>defensa mixta</u> se utiliza cuando nos interesa realizar un marcaje hombre a hombre a un jugador/a determinado y el resto de jugadores/as pueden realizar un marcaje en zona.

La defensa de cambios es una defensa de coberturas y permutas continuas donde no se permite que nuestra primera línea defensiva retroceda respecto del balón, haciendo que las alas y el cierre reciban a los jugadores/as que cortan con o sin balón.

A continuación os presento mi propuesta lúdica para trabajar el marcaje:

NOMBRE: "El marcador"
EDAD: 8 años en adelante.
AGRUPACIÓN: Gran grupo.
MATERIAL: Ninguno.
OBJETIVOS: Iniciar a la táctica defensiva.
CONTENIDOS: Marcaje.
DESARROLLO: Un jugador/a se la queda y tiene que pillar al resto de jugadores/as. Los jugadores/as para no ser pillados pueden colocarse detrás de un compañero/a simulando un marcaje, en este caso no podrán ser pillados. Cuando el jugador/a que se la queda pille a alguien intercambian los roles. No vale salirse del espacio delimitado.
VARIANTES: Aumentar el número de jugadores/as que pillan, reducir el espacio de juego...
REPRESENTACIÓN GRÁFICA:

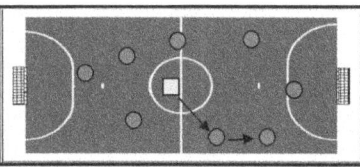

NOMBRE: "Pilla pilla por zonas"
EDAD: 8 años en adelante.
AGRUPACIÓN: Gran grupo.
MATERIAL: Ninguno.
OBJETIVOS: Iniciar a la táctica defensiva.
CONTENIDOS: Marcaje en zonas.
DESARROLLO: Se divide el campo en cuatro zonas, en cada zona se la queda un jugador/a que no podrá salir de esa zona. El resto de jugadores/as se pueden desplazar por cualquier zona del campo, pero sólo podrán ser pillados por el jugador/a que se la queda en dicha zona. Cuando los jugadores/as que se la quedan pillen a alguien intercambiarán los roles.
VARIANTES: Aumentar el número de jugadores/as que pillan en cada zona, aumentar el número de zonas, reducir el espacio de juego...
REPRESENTACIÓN GRÁFICA:

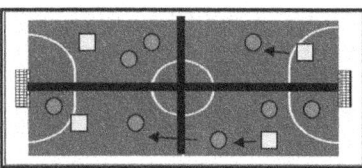

NOMBRE: "Marcaje simulado"
EDAD: 8 años en adelante.
AGRUPACIÓN: Gran grupo.
MATERIAL: 7 balones de fútbol sala.
OBJETIVOS: Iniciar a la táctica defensiva.
CONTENIDOS: Marcaje.
DESARROLLO: Todos los jugadores/as se desplazan por el terreno de juego libremente y a la señal del entrenador/a deben situarse por parejas simulando un marcaje, uno hará de jugador/a atacante y otro de jugador/a adversario. Los jugadores/as que tarden más en ejecutar el marcaje obtendrán un punto negativo. Ganará el jugador/a que menos puntos negativos tenga.
VARIANTES: Igual pero la mitad de los jugadores/as con balón teniendo los jugadores/as sin balón que realizar el marcaje a un jugador/a con balón, reducir el espacio de juego...
REPRESENTACIÓN GRÁFICA:

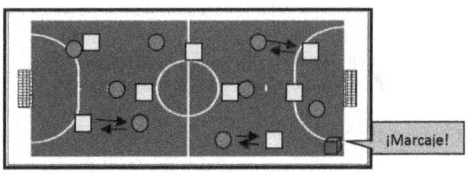

NOMBRE: "Marea de marcajes"
EDAD: 8 años en adelante.
AGRUPACIÓN: Gran grupo.
MATERIAL: 7 balones de fútbol sala.
OBJETIVOS: Iniciar a la táctica defensiva.
CONTENIDOS: Marcaje.
DESARROLLO: Se dividen a los jugadores/as en dos equipos. Un equipo con balón situado en un fondo de la pista y el otro sin balón a la altura del centro del campo. A la señal del entrenador/a cruzarán todo el campo conduciendo el balón, cuando lleguen al centro del campo cada jugador/a del otro equipo tiene que marcar a un adversario, acompañándolo hasta que llegue al fondo de la pista. Por cada jugador/a que consiga cruzar la pista sin ser marcado el equipo conseguirá un punto. A continuación cambio de roles, y así sucesivamente. Gana el equipo que más puntos consiga.
VARIANTES: Reducir el espacio de juego...
REPRESENTACIÓN GRÁFICA:

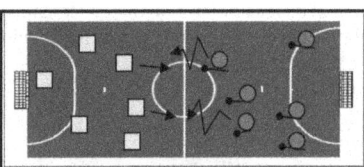

NOMBRE: "Eliminador de defensores"
EDAD: 8 años en adelante.
AGRUPACIÓN: Gran grupo.
MATERIAL: 1 balón de fútbol sala y 8 petos.
OBJETIVOS: Iniciar a la táctica defensiva.
CONTENIDOS: Marcaje.
DESARROLLO: Se divide al grupo en dos equipos, un equipo atacante y un equipo defensor. El equipo atacante debe intentar mantener la posesión del balón, además sus jugadores/as deben desmarcarse para que le pasen el balón. Si reciben el balón libre de marcaje eliminan a un jugador/a del equipo adversario. Los roles entre equipo atacante y defensor cambian cada vez que intercambian la posesión del balón. Gana el equipo que primero consiga eliminar a todos sus adversarios.
VARIANTES: Reducir el espacio de juego, aumentar o disminuir el número de jugadores por equipo...
REPRESENTACIÓN GRÁFICA:

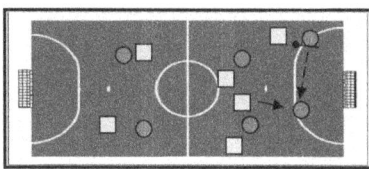

NOMBRE: "Evitar el marcaje"
EDAD: 8 años en adelante.
AGRUPACIÓN: Gran grupo.
MATERIAL: 2 balones de fútbol sala, 8 conos y 6 petos.
OBJETIVOS: Iniciar a la táctica defensiva.
CONTENIDOS: Marcaje.
DESARROLLO: Se disputa un tres contra tres en un espacio delimitado de 20x20. Cada vez que un jugador/a reciba un pase libre de marcaje suma un punto para su equipo. Por cada gol que consiga cada equipo también suma un punto. Gana el equipo que más puntos sume.
VARIANTES: Reducir el espacio de juego, limitar el número de toques por jugador/a...
REPRESENTACIÓN GRÁFICA:

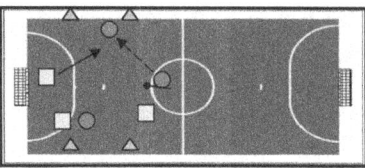

NOMBRE: "Partido evitando marcajes"
EDAD: 8 años en adelante.
AGRUPACIÓN: Gran grupo.
MATERIAL: 1 balón de fútbol sala y 5 petos.
OBJETIVOS: Iniciar a la táctica defensiva.
CONTENIDOS: Marcaje.
DESARROLLO: Se disputa un partido de fútbol sala, con la excepción de que cada gol que consiga un jugador/a libre de marcaje valdrá doble para su equipo. El resto de goles valdrán normal. Gana el equipo que más goles marque.
VARIANTES: Reducir el espacio de juego, limitar el número de toques por jugador/a...
REPRESENTACIÓN GRÁFICA:

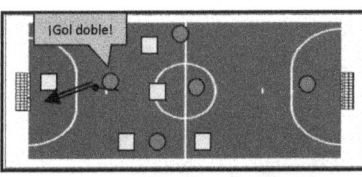

NOMBRE: "Defensa hombre a hombre o en zona"
EDAD: 8 años en adelante.
AGRUPACIÓN: Gran grupo.
MATERIAL: 1 balón de fútbol sala y 5 petos.
OBJETIVOS: Iniciar a la táctica defensiva.
CONTENIDOS: Marcaje hombre a hombre y en zona.
DESARROLLO: Se disputa un partido de fútbol sala, el entrenador/a dirá como se realiza el marcaje (hombre a hombre o en zona). Los dos equipos tendrán que realizar el marcaje como ordene el entrenador/a. Éste cambiará el tipo de marcaje cada vez que crea conveniente. El equipo que no realice bien el marcaje se le descontará un gol. Ganará el equipo que más goles consiga.
VARIANTES: Reducir el espacio de juego, limitar el número de toques por jugador/a...
REPRESENTACIÓN GRÁFICA:

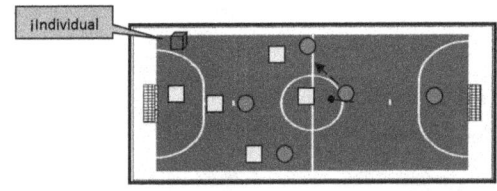

NOMBRE: "Sólo defiendo a quien entre en mi zona"
EDAD: 8 años en adelante.
AGRUPACIÓN: Sextetos.
MATERIAL: 1 balón de fútbol sala y 2 petos.
OBJETIVOS: Iniciar a la táctica defensiva.
CONTENIDOS: Marcaje en zona.
DESARROLLO: Dos jugadores/as atacantes se enfrentan a cuatro adversarios. Cada jugador/a adversario se colocará en la zona que se le designe, de esa zona no podrá salir y sólo podrá marcar e intentar quitar el balón si algún jugador/a atacante entra en su zona. Cuando roben el balón le tocará atacar a otros dos jugadores/as, y así sucesivamente.
VARIANTES: Aumentar el número de jugadores/as atacantes, limitar el número de toques por jugador/a...
REPRESENTACIÓN GRÁFICA:

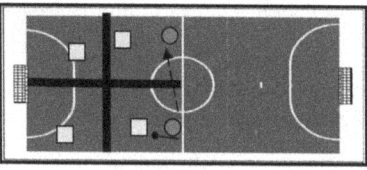

NOMBRE: "Marcaje individual en exclusiva"
EDAD: 8 años en adelante.
AGRUPACIÓN: Parejas.
MATERIAL: 7 balones de fútbol sala.
OBJETIVOS: Iniciar a la táctica defensiva.
CONTENIDOS: Marcaje individual.
DESARROLLO: Situados por parejas, un jugador/a con balón y el otro sin balón. El jugador/a sin balón realizará un marcaje hombre a hombre a su compañero/a con balón hasta que le consiga robar el balón. Cuando lo consiga intercambiarán los roles. Ganará el jugador/a de la pareja que más tiempo consiga tener el balón en su posesión.
VARIANTES: Dos contra dos, tres contra tres...
REPRESENTACIÓN GRÁFICA:

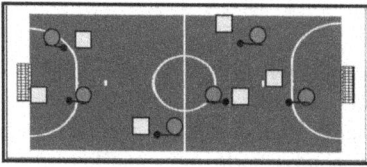

2.9. PRESSING

El pressing es la presión que se realiza sobre alguno o todos los jugadores/as adversarios, con mayor o menor intensidad, con la intención de evitar su progresión o recuperar el balón lo antes posible.

Para la ejecución de este gesto técnico con la mayor eficacia posible hay que tener en cuenta una serie de aspectos: la condición física y técnica de nuestro equipo y del adversario, los aspectos tácticos del adversario, el tiempo que va a durar el pressing, resultado en el momento de la ejecución del pressing y el número de falta acumuladas en cada equipo. Todos estos aspectos son muy importantes valorarlos para decidir cuál es el momento adecuado para ejecutar el pressing.

Los tipos de pressing se pueden clasificar teniendo en cuenta varios aspectos: **su intensidad, el lugar y el objeto.**

Según la intensidad podemos distinguir pressing y presión. En el pressing se asume más riesgos para intentar arrebatar el balón de manera inmediata al adversario y en la presión se somete a una presión constante al equipo adversario pero sin asumir ningún riesgo, es decir, esperando el error del equipo contrario para arrebatarle el balón.

Dependiendo del lugar que se quiera realizar el pressing podemos distinguir fundamentalmente: en medio campo, en ¾ de campo y en 9 metros (de la portería rival).

Por el objeto que quiera determinar el entrenador/a, diferenciamos dos tipos principalmente de pressing o presión: al hombre y al balón. Al hombre quiere decir que nos centramos en presionar a cada uno de los jugadores/as adversarios independientemente de donde esté el balón; y en el pressing al balón nos centramos en presionar al jugador/a con balón olvidándonos del resto de jugadores/as.

El pressing tiene una serie de aspectos favorables: obstaculizar el juego del adversario, mantener alejado el balón de nuestra portería, desgastar físicamente y psíquicamente al adversario, aumentar las posibilidades de crear superioridades numéricas al adversario, aumentar los errores del adversario...

El pressing tiene una serie de aspectos desfavorables: requiere una gran condición física, se suele dejar muchos espacios que pueden ser aprovechados por el adversario, no existe cobertura siendo cada uno responsable de sus movimientos, aumenta el número de faltas, se necesita gran concentración en el juego...

A continuación os presento mi propuesta lúdica para trabajar el pressing:

NOMBRE: "Pilla-pressing"
EDAD: 8 años en adelante.
AGRUPACIÓN: Gran grupo.
MATERIAL: 3 balones de fútbol sala.
OBJETIVOS: Iniciar a la táctica defensiva.
CONTENIDOS: Pressing al balón.
DESARROLLO: Un jugador/a se la queda y tiene que pillar al resto de jugadores/as. Los jugadores/as que no se la quedan tienen un balón y tienen que pasárselo entre ellos. El jugador/a que se la queda sólo puede pillar al jugador/a con balón, para ello realizará un pressing al balón hasta que le quite el balón a alguien. El resto de jugadores/as se pasarán el balón entre ellos evitando que le roben el balón ya que el jugador/a que lo pierda pasa a quedársela. No vale salirse del espacio delimitado.
VARIANTES: Aumentar el número de jugadores/as que pillan, aumentar el número de balones, limitar el número de toques por jugador/a...
REPRESENTACIÓN GRÁFICA:

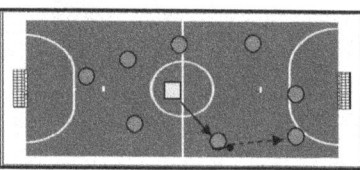

NOMBRE: "Pressing hasta apoderarme del balón"
EDAD: 8 años en adelante.
AGRUPACIÓN: Sextetos.
MATERIAL: 3 balones de fútbol sala y 9 petos.
OBJETIVOS: Iniciar a la táctica defensiva.
CONTENIDOS: Pressing al hombre.
DESARROLLO: En grupos de 6, tres jugadores/as se pasan el balón y los otros tres tienen que intentar robárselo. Para ello realizarán un pressing al hombre. Se delimitará un espacio de 20x20. Cuando el equipo en posesión del balón lo pierde intercambian los roles. El equipo defensor sólo gana la posesión del balón si lo consigue a través del pressing.
VARIANTES: Disminuir el número de jugadores defensores, realizar un pressing al balón, limitar el número de toques por jugador/a...
REPRESENTACIÓN GRÁFICA:

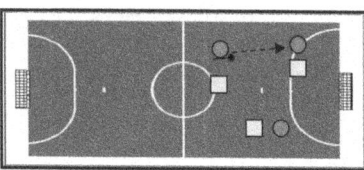

NOMBRE: "Si robo el balón antes sumo más puntos"
EDAD: 8 años en adelante.
AGRUPACIÓN: Gran grupo.
MATERIAL: 1 balón de fútbol sala y 5 petos.
OBJETIVOS: Iniciar a la táctica defensiva.
CONTENIDOS: Pressing según el lugar.
DESARROLLO: Se disputa un partido de fútbol sala. El equipo defensor realizará un pressing al hombre desde la portería del adversario. Cuando robe el balón en 9 metros sumará tres puntos, si es en ¾ de campo 2 puntos y si es en medio campo un punto. Por cada gol conseguido también sumará un punto. Ganará el equipo que más puntos sume.
VARIANTES: Realizar el pressing al balón, limitar el número de toques por jugador/a...
REPRESENTACIÓN GRÁFICA:

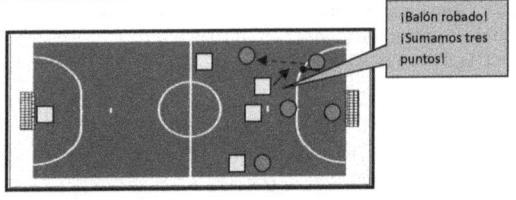

NOMBRE: "Pressing donde me mandan"
EDAD: 8 años en adelante.
AGRUPACIÓN: Gran grupo.
MATERIAL: 1 balón de fútbol sala y 5 petos.
OBJETIVOS: Iniciar a la táctica defensiva.
CONTENIDOS: Pressing según el lugar.
DESARROLLO: Se disputa un partido de fútbol sala. Los dos equipos cuando tengan que defender realizarán siempre pressing al hombre. Este pressing podrá ser en medio campo, en ¾ y a 9 metros. El lugar dependerá siempre del que diga el entrenador/a. El equipo que no realice el pressing correctamente se le restará un gol. Ganará el equipo que más goles consiga.
VARIANTES: Realizar el pressing al balón, limitar el número de toques por jugador/a...
REPRESENTACIÓN GRÁFICA:

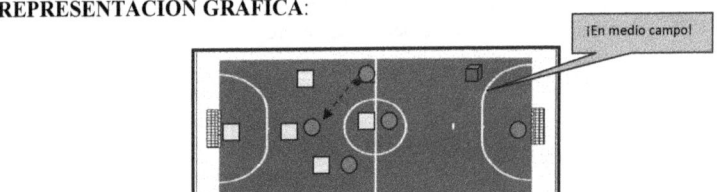

NOMBRE: "Aguanto el pressing para conservar el balón"
EDAD: 8 años en adelante.
AGRUPACIÓN: Gran grupo.
MATERIAL: 1 balón de fútbol sala y 6 petos.
OBJETIVOS: Iniciar a la táctica defensiva.
CONTENIDOS: Pressing al hombre.
DESARROLLO: Se divide el terreno de juego en tres zonas. Se disputa un tres contra tres en las dos zonas exteriores dejando la zona del medio neutral. El equipo en posesión del balón tiene que pasar el balón a su equipo compañero en la otra zona. El equipo que conserve el balón tras un pase de zona a zona obtiene un punto. El equipo defensor tiene que presionar al hombre en todo momento. Gana el equipo que más puntos consiga.
VARIANTES: Realizar pressing al balón, limitar el número de toques por jugador/a...
REPRESENTACIÓN GRÁFICA:

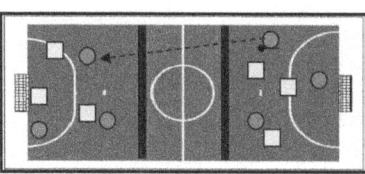

NOMBRE: "Tres contra tres con pressing"
EDAD: 8 años en adelante.
AGRUPACIÓN: Sextetos.
MATERIAL: 2 balones de fútbol sala, 6 petos y 8 conos.
OBJETIVOS: Iniciar a la táctica defensiva.
CONTENIDOS: Pressing.
DESARROLLO: Se disputa un tres contra tres en un espacio delimitado de 20x20. Cada vez que el equipo consiga recuperar la posesión del balón a través de un pressing sumará un punto. Por cada gol conseguido también sumará un punto. Gana el equipo que más puntos obtenga.
VARIANTES: Realizar un tipo de pressing específico, limitar el número de toques por jugador/a...
REPRESENTACIÓN GRÁFICA:

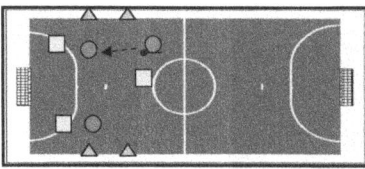

NOMBRE: "Me llaman pressing"
EDAD: 8 años en adelante.
AGRUPACIÓN: Parejas.
MATERIAL: 8 balones de fútbol sala.
OBJETIVOS: Iniciar a la táctica defensiva.
CONTENIDOS: Pressing.
DESARROLLO: Situados todos los jugadores/as por parejas, uno con balón y el otro sin balón. El jugador/a sin balón tiene que robar el balón a su compañero/a a través de un pressing en el menor tiempo posible. Cuando lo consiga se cambian los roles. Se cronometrará el tiempo y sumará un punto el jugador/a que tarde menos en robarle el balón a su compañero/a.
VARIANTES: Dos contra dos, tres contra tres...
REPRESENTACIÓN GRÁFICA:

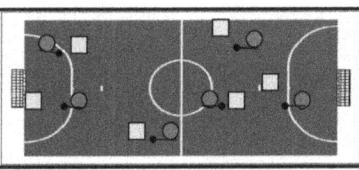

NOMBRE: "O presiono o pierdo"
EDAD: 8 años en adelante.
AGRUPACIÓN: Gran grupo.
MATERIAL: 1 balón de fútbol sala y 7 petos.
OBJETIVOS: Iniciar a la táctica defensiva.
CONTENIDOS: Pressing al balón.
DESARROLLO: Se divide al grupo en dos equipos de 7 jugadores/as. Un equipo intentará mantener la posesión del balón durante 3´y el otro se lo intentará quitar todas las veces posibles, utilizando para ello como único recurso técnico el pressing al balón, no vale realizar una entrada, interceptación, ni ningún otro recurso. Cuando termine esos minutos intercambiarán los roles. Gana el equipo que más veces robe el balón a través de un pressing al balón durante 3´.
VARIANTES: Realizar pressing al hombre, limitar el número de toques por jugador/a...
REPRESENTACIÓN GRÁFICA:

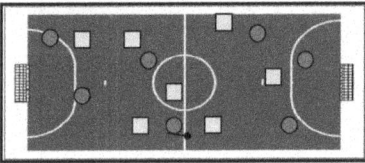

NOMBRE: "Presiono en inferioridad"
EDAD: 8 años en adelante.
AGRUPACIÓN: Septetos.
MATERIAL: 2 balones de fútbol sala, 8 petos y 8 conos.
OBJETIVOS: Iniciar a la táctica defensiva.
CONTENIDOS: Pressing al balón.
DESARROLLO: Se disputa un tres contra tres en un espacio delimitado con un jugador/a comodín que siempre irá con el equipo atacante, por lo que el equipo atacante creará superioridades de 4x3. El equipo defensor deberá realizar un pressing al balón para intentar recuperar la posesión del balón, no vale realizar una entrada, interceptación, ni ningún otro recurso. Gana el equipo que más goles consiga.
VARIANTES: Realizar pressing al hombre, limitar el número de toques por jugador/a...
REPRESENTACIÓN GRÁFICA:

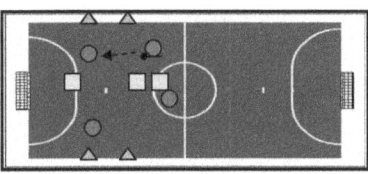

NOMBRE: "Presiono en mi zona"
EDAD: 8 años en adelante.
AGRUPACIÓN: Gran grupo.
MATERIAL: 1 balón de fútbol sala y 5 petos.
OBJETIVOS: Iniciar a la táctica defensiva.
CONTENIDOS: Pressing al hombre.
DESARROLLO: Partido de fútbol sala (5 contra 5). Se divide el campo en dos zonas. En cada zona se colocan dos jugadores/as de ambos equipos, los porteros defiende la portería que les corresponda. Los jugadores/a no podrán salir de la zona asignada, se pasarán el balón entre zonas cada vez que lo estimen conveniente. Los jugadores/a que defiendan realizan un pressing al hombre en todo momento. Ganará el equipo que más goles marque.
VARIANTES: Realizar pressing al balón, limitar el número de toques por jugador/a...
REPRESENTACIÓN GRÁFICA:

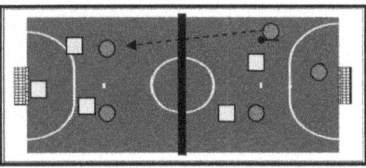

3. ACCIONES TÁCTICAS OFENSIVAS

3.1. ATAQUE

El ataque es una acción táctica por la que se persigue llegar a la portería del adversario con el objetivo principal de tirar a puerta y, por consiguiente, marcar un gol. Para ello se necesita la participación de uno o de todos los compañeros/as. De forma general los objetivos del ataque son conservar el balón recuperado, progresar hacia el objetivo establecido y, por supuesto, conseguir goles. Si el equipo tiene preparadas y ensayadas algunas jugadas aumentará el porcentaje de éxito de la acción de ataque, es decir, tendrá más probabilidades de conseguir un gol.

En el ataque debemos diferenciar tres fases principalmente: apertura, elaboración y finalización del ataque.

Apertura del ataque: es la primera fase con la que se inicia el movimiento de ataque. Comienza normalmente cuando el equipo recupera la posesión del balón. La apertura del ataque se puede realizar fundamentalmente por dos lugares: por el centro y por las alas. Las aperturas por el centro buscan despejar el centro de la cancha de adversarios para que el portero pueda pasar el balón al pívot. Las aperturas por las alas se suele utilizar cuando el equipo adversario cierra muy bien el centro, por lo que nos vemos obligados a realizar la apertura del ataque por las alas.

Elaboración del ataque: es la segunda fase del ataque. En ella se elabora la parte principal de la jugada facilitando del mismo modo el paso a la siguiente fase, finalización del ataque.

Finalización del ataque: es la última fase del ataque y en ella se persigue terminar el movimiento de ataque con un tiro a puerta, con el objetivo de conseguir un gol. Es muy importante no perder el balón en esta fase del ataque, finalizando siempre la jugada y evitando los contraataques del adversario.

Hay que tratar de compensar las líneas durante las tres fases de ataque. No siempre tienen que desarrollarse las tres fases del ataque, en ocasiones se prescinde de la fase de elaboración. Normalmente la jugada de ataque se inicia cuando se recupera el balón o desde balón parado.

A continuación os presento mi propuesta lúdica para trabajar el ataque:

NOMBRE: "Pilla-ataque"
EDAD: 8 años en adelante.
AGRUPACIÓN: Gran grupo.
MATERIAL: 6 balones de fútbol sala.
OBJETIVOS: Iniciar a la táctica ofensiva.
CONTENIDOS: Ataque.
DESARROLLO: Un jugador/a se la queda y tiene que pillar al resto de jugadores/as. Los jugadores/as que no se la quedan tienen tres balones que se pasan entre ellos. El jugador/a que se la queda sólo puede pillar a unos de los jugadores/as que tengan balón. Los jugadores/as se pasarán el balón entre ellos lo más rápido posible para evitar ser pillados. El jugador/a que pierda el balón o sea pillado estando en posesión del mismo intercambia el rol con el jugador/a que pilla. No vale salirse del espacio delimitado.
VARIANTES: Aumentar el número de jugadores/as que pillan, aumentar el número de balones, reducir el espacio de juego, limitar el número de toques por jugador/a...
REPRESENTACIÓN GRÁFICA:

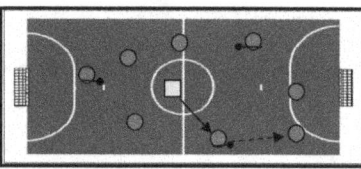

NOMBRE: "Ensayo aperturas de ataque"
EDAD: 8 años en adelante.
AGRUPACIÓN: Gran grupo.
MATERIAL: 1 balón de fútbol sala.
OBJETIVOS: Iniciar a la táctica ofensiva.
CONTENIDOS: Apertura del ataque.
DESARROLLO: De cuatro en cuatro irán realizando jugadas de apertura de ataque. Realizarán dos tipos de apertura: por el centro y por las alas. Se colocarán dos defensores que irán rotando el rol con sus compañeros/as. También habrá un portero fijo que iniciará la apertura del ataque. La acción termina cuando el equipo atacante sobrepasa la línea del centro del campo.
VARIANTES: Aumentar el número de defensores, limitar el número de toques por jugador/a...
REPRESENTACIÓN GRÁFICA:

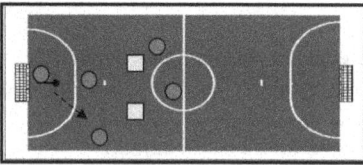

NOMBRE: "Elaboro el ataque sin prisas"
EDAD: 8 años en adelante.
AGRUPACIÓN: Gran grupo.
MATERIAL: 1 balón de fútbol sala y 7 petos.
OBJETIVOS: Iniciar a la táctica ofensiva.
CONTENIDOS: Elaboración del ataque.
DESARROLLO: Se divide al grupo en dos equipos de 7 jugadores/as. Un equipo intentará mantener la posesión del balón durante 2′ y el otro se lo intentará robar. Cuando termine los dos minutos intercambiarán los roles, sino han robado antes el balón. Gana el equipo que más veces consiga mantener la posesión del balón durante ese tiempo.
VARIANTES: Limitar el número de toques por jugador/a, mantener la posesión del balón durante 3′, 4′, 5′...
REPRESENTACIÓN GRÁFICA:

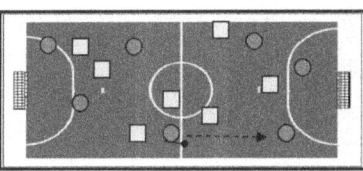

NOMBRE: "Conservo el balón"
EDAD: 8 años en adelante.
AGRUPACIÓN: Quintetos.
MATERIAL: 3 balones de fútbol sala.
OBJETIVOS: Iniciar a la táctica ofensiva.
CONTENIDOS: Elaboración del ataque.
DESARROLLO: Agrupamos al equipo en quintetos. En cada grupo, cuatro jugadores/as se pasan el balón intentando conservarlo y un jugador/a intenta robárselo a sus compañeros/as. Cuando robe el balón intercambia el rol con el jugador/a que lo ha perdido.
VARIANTES: Limitar el número de toques por jugador/a, aumentar el número de jugadores/as que roban balón...
REPRESENTACIÓN GRÁFICA:

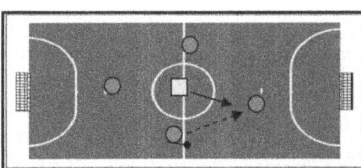

NOMBRE: "Puntúo cuando doy 10 pases seguidos"
EDAD: 8 años en adelante.
AGRUPACIÓN: Gran grupo.
MATERIAL: 1 balón de fútbol sala y 7 petos.
OBJETIVOS: Iniciar a la táctica ofensiva.
CONTENIDOS: Elaboración del ataque.
DESARROLLO: Se forman dos equipos de 7 jugadores/as. Ambos equipos disputan el balón con la intención de conservarlo. Cada vez que un equipo consiga dar diez pases seguidos suma un punto. Gana el equipo que más puntos sume.
VARIANTES: Limitar el número de toques por jugador/a, reducir el espacio de juego, aumentar el número de pases para conseguir punto...
REPRESENTACIÓN GRÁFICA:

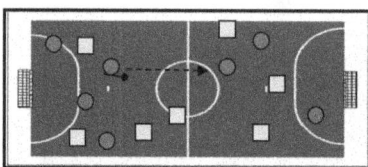

NOMBRE: "Ataco con un objetivo"
EDAD: 8 años en adelante.
AGRUPACIÓN: Gran grupo.
MATERIAL: 1 balón de fútbol sala y 7 petos.
OBJETIVOS: Iniciar a la táctica ofensiva.
CONTENIDOS: Elaboración y finalización del ataque.
DESARROLLO: Se forman dos equipos de 7 jugadores/as. Cada equipo coloca un jugador/a en el área del adversario, éste no se puede salir de ella. Cada equipo, cuando tenga la posesión del balón, se tiene que pasar el balón de fútbol sala con la intención de avanzar hacia campo adversario y pasar el balón al compañero/a que está en el área del adversario. Cada vez que lo consiga suman un punto. El jugador/a que tenga la posesión del balón no se puede mover, pero tampoco se lo pueden robar. Gana el equipo que más puntos sume.
VARIANTES: Reducir el espacio de juego...
REPRESENTACIÓN GRÁFICA:

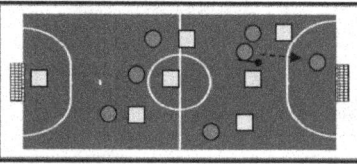

NOMBRE: "Finalizar para evitar perder un gol"
EDAD: 8 años en adelante.
AGRUPACIÓN: Gran grupo.
MATERIAL: 1 balón de fútbol sala y 5 petos.
OBJETIVOS: Iniciar a la táctica ofensiva.
CONTENIDOS: Finalización del ataque.
DESARROLLO: Se disputa un partido de fútbol sala. El equipo atacante tiene siempre que finalizar dicho ataque. Si no finaliza la jugada de ataque y le roba el balón el equipo contrario se le resta un gol de los que lleve conseguidos. Gana el equipo que más goles consiga.
VARIANTES: Limitar el número de toques por jugador/a, limitar el tiempo para finalizar un ataque...
REPRESENTACIÓN GRÁFICA:

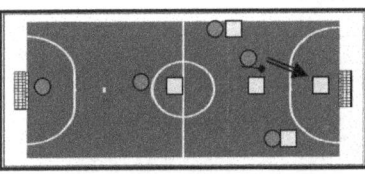

NOMBRE: "Partido con dos balones"
EDAD: 8 años en adelante.
AGRUPACIÓN: Gran grupo.
MATERIAL: 2 balones de fútbol sala y 7 petos.
OBJETIVOS: Iniciar a la táctica ofensiva.
CONTENIDOS: Ataque.
DESARROLLO: Se divide al grupo en dos equipos de 7 jugadores/as. Ambos equipos se enfrentan en un partido adaptado con dos balones, es decir, cada equipo debe organizarse para defender y atacar dichos balones. Gana el equipo que más goles consiga.
VARIANTES: Aumentar el número de balones, limitar el número de toques por jugador/a...
REPRESENTACIÓN GRÁFICA:

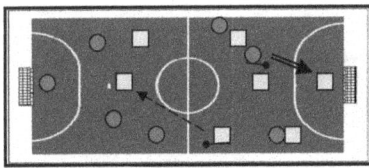

NOMBRE: "Atacar sin saltarse ninguna zona"
EDAD: 8 años en adelante.
AGRUPACIÓN: Gran grupo.
MATERIAL: 1 balón de fútbol sala y 7 petos.
OBJETIVOS: Iniciar a la táctica ofensiva.
CONTENIDOS: Fases del ataque.
DESARROLLO: Se divide el terreno de juego en tres zonas. En cada zona se sitúan dos jugadores/as de cada equipo, que no pueden salir de dicha zona. Para avanzar en el ataque pasarán el balón a un compañero/a de la siguiente zona y así sucesivamente hasta que el ataque llegue a la última zona, sólo se puede finalizar la jugada en esta zona. El balón tiene que pasarse de zona en zona, no vale saltarse ninguna. Gana el equipo que más goles consiga.
VARIANTES: Limitar el número de toques por jugador/a...
REPRESENTACIÓN GRÁFICA:

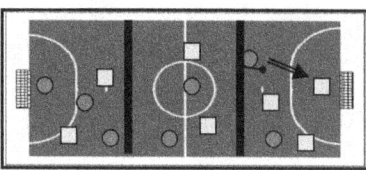

NOMBRE: "Finalización rápida"
EDAD: 8 años en adelante.
AGRUPACIÓN: Sextetos.
MATERIAL: 2 balones de fútbol sala, 8 conos y 6 petos.
OBJETIVOS: Iniciar a la táctica ofensiva.
CONTENIDOS: Finalización del ataque.
DESARROLLO: Se disputa un 3x3 en un espacio delimitado de 20x20. Cuando un equipo ataque tendrá 30´´ para finalizar dicho ataque. Si en ese tiempo no finaliza la jugada pasará la posesión del balón al equipo adversario. Ganará el equipo que más goles consiga.
VARIANTES: Reducir el tiempo para finalizar jugada, limitar el número de toques por jugador/a...
REPRESENTACIÓN GRÁFICA:

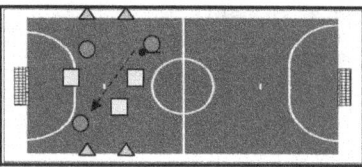

3.2. CONTRAATAQUE

Es una acción táctica ofensiva que persigue sorprender al adversario, tras una recuperación de balón, con un movimiento ofensivo-agresivo que unos o varios jugadores/as efectúan rápidamente. Esta acción debe ser muy rápida para crear situaciones de superioridad numérica respecto al equipo adversario.

No podemos confundir un contraataque con un ataque posicional en el que su avance es relativamente más lento intentando en todo momento que cada jugador/a cumpla su función táctica. En un contraataque se busca el factor sorpresa perdiendo la rigidez táctica que normalmente tiene un ataque posicional.

Una acción de contraataque es fundamental finalizarla ya que si perdemos el balón y el equipo contrario nos realiza un contraataque puede ser letal. Para una buena finalización del contraataque es necesario que sus ejecutores tengan una visión rápida del juego, seguridad técnica y armonía en los desmarques de ruptura.

Conseguiremos una mayor eficacia en el contraataque si planificamos la iniciación de los contraataques por medio de un comportamiento táctico específico, individual y colectivo. En resumen, es muy importante una buena defensa del ataque adversario, que el jugador/a esté siempre alerta para un posible contraataque, no estorbar la acción del compañero/a, facilitar la apertura del juego, pasar el balón en vez de conducirlo, realizar el contraataque lo más rápido posible...

Un buen contraataque debe caracterizarse por las siguientes premisas:

✓ No estorbarse.

✓ Facilitar la apertura del juego.

✓ Pasar el balón antes que conducirlo o regatear a un adversario.

✓ Buena preparación física.

✓ Agresividad deportiva.

✓ Mucha concentración.

✓ Buena visión de juego.

✓ Confianza en el contraataque.

✓ Asegurar siempre los pases y evitar perder el balón.

A continuación os presento mi propuesta lúdica para trabajar los contraataques:

NOMBRE: "¡Rápido! ¡Qué me pillan!"
EDAD: 8 años en adelante.
AGRUPACIÓN: Gran grupo.
MATERIAL: Ninguno.
OBJETIVOS: Iniciar a la táctica ofensiva.
CONTENIDOS: Contraataque.
DESARROLLO: Todos los jugadores/as del equipo se sitúan en un fondo de la pista y tienen que cruzar el campo, a la señal del entrenador/a, lo más rápido posible. Dos jugadores/as se la quedan y tienen que pillar al resto de compañeros/as. Cuando pillen a alguien intercambian los roles con el compañero/a que han pillado. No vale salirse del espacio delimitado.
VARIANTES: Aumentar el número de jugadores/as que se la quedan, reducir el espacio de juego...
REPRESENTACIÓN GRÁFICA:

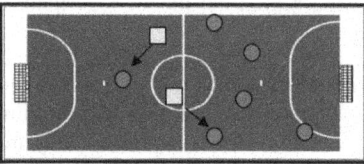

NOMBRE: "Tres contra dos"
EDAD: 8 años en adelante.
AGRUPACIÓN: Quintetos.
MATERIAL: 2 balones de fútbol sala, 8 conos y 6 petos.
OBJETIVOS: Iniciar a la táctica ofensiva.
CONTENIDOS: Contraataque.
DESARROLLO: Se disputa un dos contra dos en un espacio delimitado de 20x20. Habrá un jugador/a comodín que irá siempre con el equipo atacante, creando de esta manera superioridades numéricas y favoreciendo los contraataques.
VARIANTES: Limitar el número de toques por jugador/a...
REPRESENTACIÓN GRÁFICA:

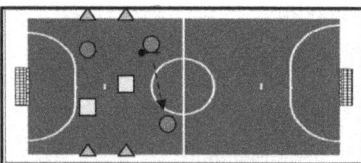

NOMBRE: "Presión y contras"
EDAD: 8 años en adelante.
AGRUPACIÓN: Gran grupo.
MATERIAL: 1 balón de fútbol sala y 5 petos.
OBJETIVOS: Iniciar a la táctica ofensiva.
CONTENIDOS: Contraataque.
DESARROLLO: Partido de fútbol sala en el que ambos equipos tendrán que presionar a todo campo para robar el balón. Si roban el balón en campo contrario dispondrán de 5'' para finalizar jugada. En cambio, si el equipo adversario supera el centro del campo, un jugador/a defensor saldrá del campo (durante 5'') y no participará en la jugada, teniendo el equipo atacante superioridad numérica para finalizar el ataque. Gana el equipo que más goles marque.
VARIANTES: Limitar el número de toques por jugador/a, reducir el tiempo para finalizar jugada...
REPRESENTACIÓN GRÁFICA:

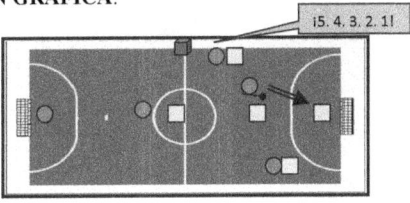

NOMBRE: "Finalización veloz"
EDAD: 8 años en adelante.
AGRUPACIÓN: Gran grupo.
MATERIAL: 1 balón de fútbol sala y 5 petos.
OBJETIVOS: Iniciar a la táctica ofensiva.
CONTENIDOS: Contraataque.
DESARROLLO: Partido de fútbol sala con la excepción de que cuando el equipo defensor robe el balón dispondrá de 8'' para finalizar jugada. En caso contrario perderá la posesión del balón. Cuando el equipo defensor recupere el balón a través de un saque de banda, de puerta, falta, etc., no tendrá limitación de tiempo para finalizar dicha jugada. Gana el equipo que más goles marque.
VARIANTES: Limitar el número de toques por jugador/a, reducir el tiempo para finalizar jugada...
REPRESENTACIÓN GRÁFICA:

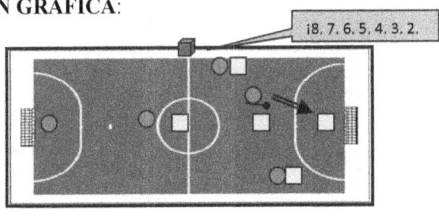

NOMBRE: "El gol en contraataque vale doble"
EDAD: 8 años en adelante.
AGRUPACIÓN: Gran grupo.
MATERIAL: 1 balón de fútbol sala y 5 petos.
OBJETIVOS: Iniciar a la táctica ofensiva.
CONTENIDOS: Contraataque.
DESARROLLO: Partido normal de fútbol sala con la excepción de que cuando un equipo marque un gol a través de un contraataque valdrá el doble. Gana el equipo que más goles marque.
VARIANTES: Limitar el número de toques por jugador/a...
REPRESENTACIÓN GRÁFICA:

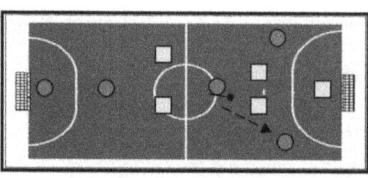

NOMBRE: "Superioridad numérica"
EDAD: 8 años en adelante.
AGRUPACIÓN: Gran grupo.
MATERIAL: 1 balón de fútbol sala y 2 petos.
OBJETIVOS: Iniciar a la táctica ofensiva.
CONTENIDOS: Contraataque.
DESARROLLO: Desde el centro del campo, en oleadas, se practicarán diferentes situaciones de superioridad numérica (2x1, 3x2, 4x3). Todas las acciones se tienen que finalizar en el menor tiempo posible. Los defensores serán activos y se irán rotando cada cierto tiempo.
VARIANTES: Limitar el número de toques por jugador/a...
REPRESENTACIÓN GRÁFICA:

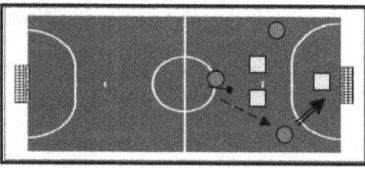

NOMBRE: "Pasar y tirar"
EDAD: 8 años en adelante.
AGRUPACIÓN: Sextetos.
MATERIAL: 2 balones de fútbol sala, 8 conos y 6 petos.
OBJETIVOS: Iniciar a la táctica ofensiva.
CONTENIDOS: Contraataque.
DESARROLLO: Se disputa un tres contra tres en un espacio delimitado de 20x20. En este juego sólo se podrá pasar y tirar. Está prohibido utilizar el recurso técnico del regate. Gana el equipo que más goles marque.
VARIANTES: Limitar el número de toques por jugador/a...
REPRESENTACIÓN GRÁFICA:

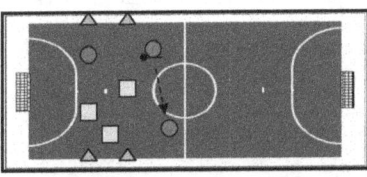

NOMBRE: "Contraataques intensos"
EDAD: 8 años en adelante.
AGRUPACIÓN: Quintetos.
MATERIAL: 3 balones de fútbol sala.
OBJETIVOS: Iniciar a la táctica ofensiva.
CONTENIDOS: Contraataque.
DESARROLLO: Se disputan contraataques, tres contra dos jugadores/as, desde una portería a la otra. A continuación los dos jugadores/as que han defendido junto al jugador/a atacante que finalizó la jugada o perdió el balón, realizan un contraataque a los otros dos jugadores/as restantes, y así sucesivamente durante 3´. Cada 3´cambio de grupo. En cada portería habrá un portero.
VARIANTES: Limitar el número de toques por jugador/a, 2x1, 4x3...
REPRESENTACIÓN GRÁFICA:

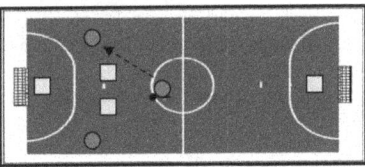

NOMBRE: "¡Mirando por el retrovisor!"
EDAD: 8 años en adelante.
AGRUPACIÓN: Tríos.
MATERIAL: 1 balón de fútbol sala.
OBJETIVOS: Iniciar a la táctica ofensiva.
CONTENIDOS: Contraataque.
DESARROLLO: Situados por tríos, dos jugadores/as atacantes y un defensor. Los jugadores/as atacantes contraatacan desde la línea de 9 metros de su campo hasta la portería rival. Un jugador/a defensor saldrá corriendo desde la portería rival a defender a los dos jugadores/as atacantes. Los jugadores/as atacantes realizarán la jugada con la máxima velocidad, evitando la llegada del defensor y teniendo, en consecuencia, mayor seguridad de éxito. En cada jugada, los jugadores/as intercambiarán sus roles. Un jugador/a se sitúa de portero.
VARIANTES: Limitar el número de toques por jugador/a, 3x2, 4x3...
REPRESENTACIÓN GRÁFICA:

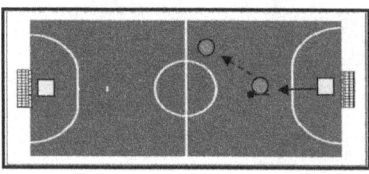

NOMBRE: "Si es mi número, ¡salgo rápido!"
EDAD: 8 años en adelante.
AGRUPACIÓN: Gran grupo.
MATERIAL: 1 balón de fútbol sala.
OBJETIVOS: Iniciar a la táctica ofensiva.
CONTENIDOS: Contraataque.
DESARROLLO: Se forman dos equipos de 7 jugadores/as cada uno. En cada equipo los jugadores/as están numerados del 1 al 7. Ambos equipos se sitúan mezclados en un área. Cuando el entrenador/a diga un número, los jugadores/as con ese número de ambos equipos saldrán corriendo hasta el centro del campo en el que hay un balón de fútbol sala. El primero que llegue conducirá el balón hacia la portería con la intención de marcar gol. El otro jugador/a intentará defenderlo. Por cada gol conseguido suma un punto. Gana el equipo que más puntos sume. Un jugador/a se sitúa de portero.
VARIANTES: Salir desde diferentes posiciones (sentado, tumbado...), 2x2, 3x3...
REPRESENTACIÓN GRÁFICA:

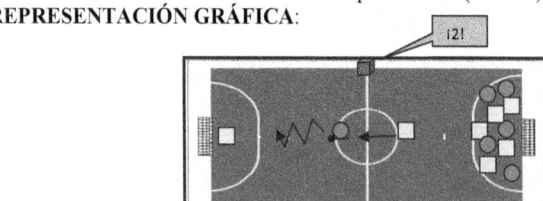

3.3. DESMARQUES

Es la acción táctica ofensiva que persigue sorprender a un contrario para escapar de su vigilancia y poder recibir el balón en situación ventajosa. Es toda acción que nos permite alejarnos de nuestro marcador buscando, creando y aprovechando los espacios libres del terreno de juego.

Cuando un jugador/a tenga la posesión del balón, los demás compañeros/as tienen que desmarcarse del adversario buscando los espacios libres y proporcionándole un apoyo al compañero/a con balón.

El desmarque es el fruto de la búsqueda de espacios libres entre el jugador/a con balón y sus compañeros/as. Esta búsqueda debe ser constante, colectiva y de manera armónica.

Un jugador/a que realiza un desmarque debe tener capacidad de decisión, concentración en el juego, sacrificio colectivo, inteligencia táctica, comunicación colectiva, movilidad constante y una gran memoria visual.

Para que se produzca un desmarque en las mejores condiciones debemos tener en cuenta una serie de factores:

- Deben desmarcarse todos los jugadores/as, en ocasiones hasta el portero/a.
- Todos los jugadores/as del equipo deben buscar el desmarque desde el momento que un compañero/a tiene la posesión del balón.
- Los desmarques se deben realizar en cualquier zona del campo.
- Los desmarques deben realizarse buscando siempre los espacios libres y un apoyo al compañero/a con balón.
- Es muy importante que el jugador/a con la posesión del balón no se precipite al realizar el pase a un compañero/a hasta que sea el momento adecuado.

Los tipos de desmarque se pueden clasificar en dos: desmarques de apoyo y desmarques de ruptura.

- **Los desmarques de apoyo** consisten en acercarse al jugador/a que tiene la posesión de balón ofreciéndole un apoyo para un posible pase.
- **Los desmarques de ruptura** se producen cuando el jugador/a que se desmarca se aleja velozmente de su compañero/a con balón en

dirección al área adversaria intentando, de este modo, sorprender al equipo rival.

A continuación os presento mi propuesta lúdica para trabajar los desmarques:

NOMBRE: "¡Peligro, que vienen a marcarme!"
EDAD: 8 años en adelante.
AGRUPACIÓN: Tríos.
MATERIAL: Ninguno.
OBJETIVOS: Iniciar a la táctica ofensiva.
CONTENIDOS: Desmarques.
DESARROLLO: Por tríos, un jugador/a se sitúa en el área y los otros dos fuera de ella. El jugador/a que está en el área debe llegar hasta el centro del campo sin ser pillado por ninguno de los jugadores/as. Los jugadores/as que pillan no pueden entrar en el área y el otro jugador/a saldrá del área cuando lo estime conveniente. Si lo consigue suma un punto. A continuación, intercambian los roles. Gana el jugador/a que más puntos consiga.
VARIANTES: Aumentar el espacio de juego, 3x2, 4x3...
REPRESENTACIÓN GRÁFICA:

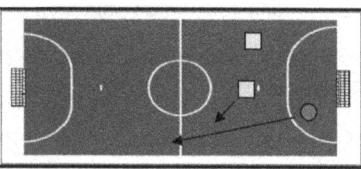

NOMBRE: "El ratón y el gato"
EDAD: 8 años en adelante.
AGRUPACIÓN: Gran grupo.
MATERIAL: Ninguno.
OBJETIVOS: Iniciar a la táctica ofensiva.
CONTENIDOS: Desmarques.
DESARROLLO: Todos los jugadores/as se colocan en círculo agarrados de las manos, menos dos que asumirán el rol de ratón y gato. El "gato" debe pillar al "ratón", éste será designado por el gato. El ratón evitará ser pillado pudiendo desplazarse por todo el terreno de juego y entre los compañeros/as del círculo, los cuales molestarán al gato para impedir que pille al ratón. Cuando el ratón sea pillado desempeñará el rol de gato y así sucesivamente.
VARIANTES: Reducir el espacio de juego, el ratón conduciendo un balón...
REPRESENTACIÓN GRÁFICA:

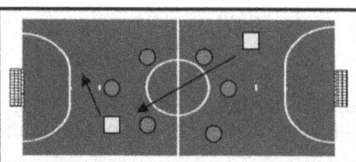

NOMBRE: "¡O te desmarcas o te pillo!"
EDAD: 8 años en adelante.
AGRUPACIÓN: Gran grupo.
MATERIAL: Ninguno.
OBJETIVOS: Iniciar a la táctica ofensiva.
CONTENIDOS: Desmarques de ruptura.
DESARROLLO: Un jugador/a se la queda y tiene que pillar al resto de compañeros/as. Éstos no podrán ser pillados durante un minuto si realizan un desmarque de ruptura eficazmente cuando van a ser pillados y consiguen alejarse del jugador/a que pilla. Cuando pille a alguien intercambia el rol con el compañero/a que ha pillado. No vale salirse del espacio delimitado.
VARIANTES: Aumentar el número de jugadores/as que pillan, reducir el espacio de juego...
REPRESENTACIÓN GRÁFICA:

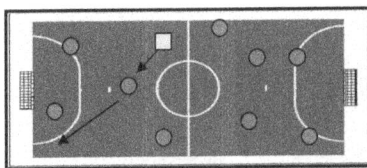

NOMBRE: "Desmarcarme de mi pareja"
EDAD: 8 años en adelante.
AGRUPACIÓN: Gran grupo.
MATERIAL: 10 balones de fútbol sala.
OBJETIVOS: Iniciar a la táctica ofensiva.
CONTENIDOS: Desmarques.
DESARROLLO: Situados los jugadores/as por parejas, un jugador/a tendrá el rol de defensor y el otro de atacante. El jugador/a atacante intentará desmarcarse continuamente. Cada vez que lo consiga sumará un punto. Cambiar los roles cada dos minutos. Gana el jugador/a que más puntos consiga. No vale salirse del espacio delimitado.
VARIANTES: Reducir el espacio de juego, el jugador/a atacante con balón...
REPRESENTACIÓN GRÁFICA:

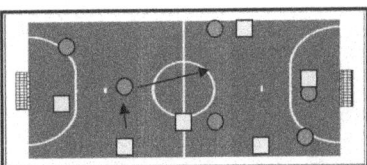

NOMBRE: "Evitar el marcaje a toda costa"
EDAD: 8 años en adelante.
AGRUPACIÓN: Gran grupo.
MATERIAL: 10 petos.
OBJETIVOS: Iniciar a la táctica ofensiva.
CONTENIDOS: Desmarques.
DESARROLLO: Se forman dos equipos de 7 jugadores/as cada uno. Un equipo se la queda y tiene que pillar a los jugadores/as del equipo adversario. Cada jugador/a tiene que pillar a uno del otro equipo, simulando un marcaje. Los jugadores/as del otro equipo deben evitar el marcaje a toda costa. Cuando consigan pillar a todos intercambian los roles entre los equipos. Gana el equipo que tarde menos en conseguir el objetivo. No vale salirse del espacio delimitado.
VARIANTES: Aumentar el número de jugadores/as del equipo que realiza el marcaje, reducir el espacio de juego...
REPRESENTACIÓN GRÁFICA:

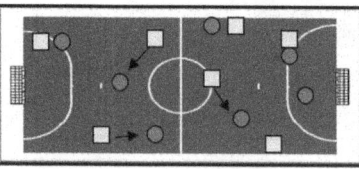

NOMBRE: "Me desmarco para conseguir un gol"
EDAD: 8 años en adelante.
AGRUPACIÓN: Sextetos.
MATERIAL: 2 balones de fútbol sala, 8 conos y 6 petos.
OBJETIVOS: Iniciar a la táctica ofensiva.
CONTENIDOS: Desmarques.
DESARROLLO: Se disputa un tres contra tres en un espacio delimitado de 20x20. El equipo atacante sólo puede tirar a puerta cuando un jugador/a reciba el balón libre de marcaje. Los goles que se consigan estando marcados por un defensor no son válidos. Gana el equipo que más goles marque.
VARIANTES: Limitar el número de toques por jugador/a...
REPRESENTACIÓN GRÁFICA:

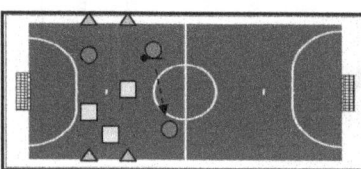

NOMBRE: "Superioridad y desmarque"
EDAD: 8 años en adelante.
AGRUPACIÓN: Septetos.
MATERIAL: 2 balones de fútbol sala, 8 conos y 6 petos.
OBJETIVOS: Iniciar a la táctica ofensiva.
CONTENIDOS: Desmarques de apoyo.
DESARROLLO: Se disputa un tres contra tres en un espacio delimitado de 20x20. También participará un jugador/a comodín que jugará siempre con el equipo atacante, quedando un 4x3 lo que favorecerá los desmarques al atacar en superioridad. Por cada desmarque de apoyo que realice un jugador/a recibiendo el balón libre de marcaje sumará un punto para su equipo. Por cada gol también sumará un punto. Ganará el equipo que más goles consiga.
VARIANTES: Limitar el número de toques por jugador/a...
REPRESENTACIÓN GRÁFICA:

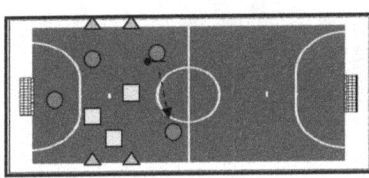

NOMBRE: "Los cinco pases con desmarques"
EDAD: 8 años en adelante.
AGRUPACIÓN: Septetos.
MATERIAL: 1 balón de fútbol sala y 7 petos.
OBJETIVOS: Iniciar a la táctica ofensiva.
CONTENIDOS: Desmarques.
DESARROLLO: Se forman dos equipos de 7 jugadores/as. El equipo que consiga dar 5 pases seguidos entre ellos sumará un punto para su equipo. El jugador/a en posesión del balón no puede moverse del sitio pero tampoco pueden robárselo. Cuando un jugador/a reciba el balón libre de marcaje, valdrá doble ese pase. No vale salirse del espacio delimitado. Gana el equipo que más puntos consiga.
VARIANTES: Aumentar el número de pases para conseguir punto, reducir el espacio de juego...
REPRESENTACIÓN GRÁFICA:

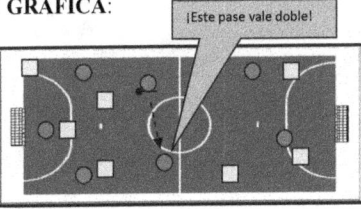

NOMBRE: "3x3 en dos campos"
EDAD: 8 años en adelante.
AGRUPACIÓN: Gran grupo.
MATERIAL: 1 balón de fútbol sala y 6 petos.
OBJETIVOS: Iniciar a la táctica ofensiva.
CONTENIDOS: Desmarques.
DESARROLLO: Se divide el terreno de juego en dos campos, en cada uno se disputará un 3x3. En total hay dos equipos de 6 jugadores/as que estarán formados cada uno por tres jugadores/as de cada campo. Por cada pase que un equipo consiga dar a un compañero/a del otro campo libre de marcaje sumará un punto. Gana el equipo que más puntos sume.
VARIANTES: Reducir el espacio de juego, limitar el número de toques por jugador/a...
REPRESENTACIÓN GRÁFICA:

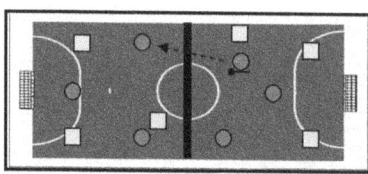

NOMBRE: "Me desmarco, tiro y gol doble"
EDAD: 8 años en adelante.
AGRUPACIÓN: Gran grupo.
MATERIAL: 1 balón de fútbol sala y 5 petos.
OBJETIVOS: Iniciar a la táctica ofensiva.
CONTENIDOS: Desmarques.
DESARROLLO: Se disputa un partido de fútbol sala, con la excepción de que cada gol que consiga un jugador/a libre de marcaje valdrá doble para su equipo. El resto de goles valdrán normal. Gana el equipo que más goles marque.
VARIANTES: Reducir el espacio de juego, limitar el número de toques por jugador/a...
REPRESENTACIÓN GRÁFICA:

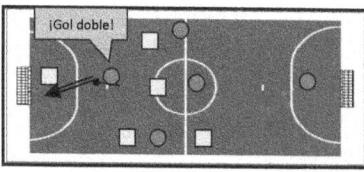

3.4. ROTACIONES

Las rotaciones es una acción táctica ofensiva que tiene el objetivo de descolocar al equipo adversario defensivamente hablando, buscando el momento apropiado para finalizar el ataque, pero intentando en todo momento mantener el equilibrio defensivo en las fases de apertura y elaboración del ataque. También se puede definir como los intercambios que realizan los jugadores/as del equipo atacante entre sus posiciones.

Las rotaciones son un elemento más de los movimientos ofensivos. Este gesto técnico desgasta tanto al equipo defensor como al atacante, por lo que para realizarlo de manera continuada es necesario que el equipo cuente con los jugadores/as adecuados para ello. Es necesario que los jugadores posean:

- Buen dominio técnico y táctico.
- Buena condición física.
- Inteligencia táctica.
- Comunicación colectiva.

Antes de preparar específicamente las rotaciones se deben trabajar la coordinación de los movimientos, ya que los jugadores/as deben estar siempre atentos a las opciones que se crean con los movimientos de rotación del equipo. Con las rotaciones se van a crear muchos espacios libres que los jugadores/as tiene que saber ocupar y aprovechar, esperando siempre el momento adecuado para la finalización del ataque.

Cuando un equipo realiza este gesto táctico debe tener mucha paciencia y perseverancia, ya que en la primera rotación no se va a conseguir el objetivo. En la rotación se buscará siempre el ataque pero no perdiendo en ningún momento el equilibrio defensivo, ya que ante una pérdida de balón el equipo defensor nos puede hacer mucho daño.

A continuación os presento mi propuesta lúdica para trabajar las rotaciones:

NOMBRE: "La casa de los pívots"
EDAD: 8 años en adelante.
AGRUPACIÓN: Gran grupo.
MATERIAL: 4 balones de fútbol sala.
OBJETIVOS: Iniciar a la táctica ofensiva.
CONTENIDOS: Rotaciones.
DESARROLLO: Los jugadores/as se colocan por tríos, de ellos uno en el centro llamado "pívot" y los otros dos alrededor del pívot llamados "alas". Todos los tríos se colocan formando un círculo. Un jugador/a se la queda situándose en el centro del círculo. Cuando el jugador/a que se la queda nombre a los "pívots", estos tendrán que intercalarse entre los otros pívots (igual si nombra a los alas), y el jugador/a que se la queda tendrá que intentar colocarse en el lugar de uno de los pívots. El jugador/a que se quede sin sitio seguirá quedándosela. Y así sucesivamente.
VARIANTES: Aumentar el espacio de juego, dividir a las alas en ala derecha y ala izquierda, los pívots con balón...
REPRESENTACIÓN GRÁFICA:

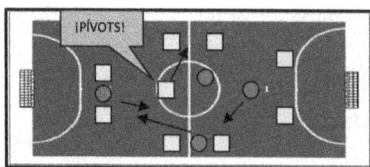

NOMBRE: "Intercambio mi zona"
EDAD: 8 años en adelante.
AGRUPACIÓN: Gran grupo.
MATERIAL: 12 balones de fútbol sala.
OBJETIVOS: Iniciar a la táctica ofensiva.
CONTENIDOS: Rotaciones.
DESARROLLO: Todos los jugadores/as se colocan en una esquina del campo e intercambian su posiciones entre todos los jugadores/as. Tres jugadores/as se la quedan y tienen que intentar situarse en la zona que dejan libre sus compañeros/as cuando se intercambian. Cuando alguno lo consiga, el jugador/a que se queda sin sitio pasará a quedársela, y así sucesivamente.
VARIANTES: Reducir el espacio de juego, aumentar el número de jugadores/as que se la quedan, todos los jugadores/as con balón...
REPRESENTACIÓN GRÁFICA:

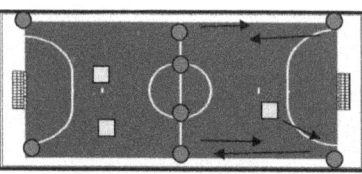

NOMBRE: "Relevos con rotaciones"
EDAD: 8 años en adelante.
AGRUPACIÓN: Gran grupo.
MATERIAL: 16 balones de fútbol sala.
OBJETIVOS: Iniciar a la táctica ofensiva.
CONTENIDOS: Rotaciones.
DESARROLLO: Se forman cuatro equipos de 4 jugadores/as. Estos equipos disputan una carrera de relevos de la siguiente forma. Un jugador/a se coloca siempre en el centro del campo, a la señal del entrenador/a saldrá el primer jugador/a de cada equipo y cuando llegue al centro del campo dará el relevo a su compañero/a, éste volverá hacia la zona de salida de su equipo y dará el relevo al siguiente compañero/a y así sucesivamente. Ganará el equipo que más relevos realice durante 4 minutos.
VARIANTES: Reducir o aumentar el espacio de juego, los jugadores/as con balón...
REPRESENTACIÓN GRÁFICA:

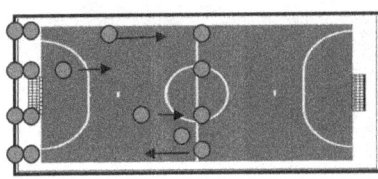

NOMBRE: "Pilla-rota"
EDAD: 8 años en adelante.
AGRUPACIÓN: Gran grupo.
MATERIAL: 16 balones de fútbol sala y 16 conos.
OBJETIVOS: Iniciar a la táctica ofensiva.
CONTENIDOS: Rotaciones.
DESARROLLO: Un jugador/a se la queda y tiene que pillar al resto de compañeros/as. Éstos dispondrán de 4 casas en cada esquina del campo dónde no podrán ser pillados. En esta casa sólo puede estar un jugador/a. El jugador/a que se encuentre en ella deberá desalojarla cuando llegue un compañero/a. Cuando el jugador/a que se la queda pille a alguien intercambiarán los roles.
VARIANTES: Reducir el espacio de juego, aumentar el número de jugadores/as que pillan, los jugadores/as con balón...
REPRESENTACIÓN GRÁFICA:

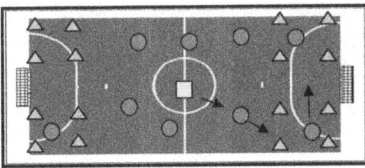

NOMBRE: "Rotaciones en cuadrado"
EDAD: 8 años en adelante.
AGRUPACIÓN: Quintetos.
MATERIAL: 3 balones de fútbol sala y 12 conos.
OBJETIVOS: Iniciar a la táctica ofensiva.
CONTENIDOS: Rotaciones.
DESARROLLO: Se señala en el terreno de juego un cuadrado con cuatro conos colocándose un jugador/a en cada cono, excepto en un cono que se colocan dos. Uno de estos jugadores/as conducirá el balón hacia el siguiente cono pasándoselo a su compañero/a y quedándose en ese cono. A continuación, el compañero/a, que ha recibido el pase, conducirá el balón hacia el siguiente cono y así sucesivamente.
VARIANTES: Pasar el balón y desplazamiento sin balón hacia el cono...
REPRESENTACIÓN GRÁFICA:

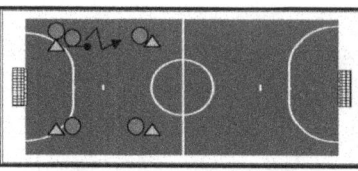

NOMBRE: "Rotación y finalización"
EDAD: 8 años en adelante.
AGRUPACIÓN: Sextetos.
MATERIAL: 2 balones de fútbol sala, 8 conos y 6 petos.
OBJETIVOS: Iniciar a la táctica ofensiva.
CONTENIDOS: Rotaciones.
DESARROLLO: Se disputa un tres contra tres en un espacio delimitado de 20x20. El equipo atacante sólo puede finalizar jugada si previamente ha realizado una rotación en la que hayan participado todos los jugadores/as de su equipo. Gana el equipo que más goles marque.
VARIANTES: Limitar el número de toques por jugador/a...
REPRESENTACIÓN GRÁFICA:

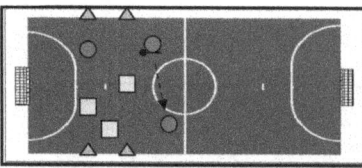

NOMBRE: "Rotaciones continuas"
EDAD: 8 años en adelante.
AGRUPACIÓN: Gran grupo.
MATERIAL: 1 balón de fútbol sala y 7 petos.
OBJETIVOS: Iniciar a la táctica ofensiva.
CONTENIDOS: Rotaciones.
DESARROLLO: Se enfrentan dos equipos de 7 jugadores/as, un jugador/a de cada equipo se sitúa en el área adversaria, en ella sólo puede entrar ese jugador/a. El equipo atacante avanzará hacia campo contrario hasta conseguir pasarle el balón al compañero/a que se encuentra en el área adversaria, el número de toques por jugador/a estará limitado a dos. Los jugadores/as del equipo atacante no pueden estar estáticos, sino que estarán realizando rotaciones continuamente. En el momento que estén estáticos, el entrenador/a cambiará la posesión de balón al equipo adversario. Ganará el equipo que más veces logre pasar el balón a su compañero/a del área.
VARIANTES: Reducir el espacio de juego...
REPRESENTACIÓN GRÁFICA:

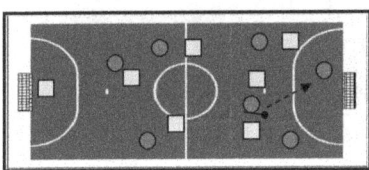

NOMBRE: "Rotaciones 2-2"
EDAD: 8 años en adelante.
AGRUPACIÓN: Cuartetos.
MATERIAL: 3 balones de fútbol sala y 12 conos.
OBJETIVOS: Iniciar a la táctica ofensiva.
CONTENIDOS: Rotaciones.
DESARROLLO: Práctica de rotaciones con el sistema de juego 2-2. Se colocan cuatro conos en el terreno de juego simulando las posiciones de los jugadores/as en el sistema 2-2. La jugada comienza en uno de los jugadores/as de la 2ª línea atacante que le pasa el balón al otro compañero/a de esa línea, cuando pase el balón corta hacia la 3ª línea de ataque ocupando su posición un jugador/a de la 3ª línea atacante; y así sucesivamente.
VARIANTES: Aumentar el espacio de juego, con defensores pasivos y activos...
REPRESENTACIÓN GRÁFICA:

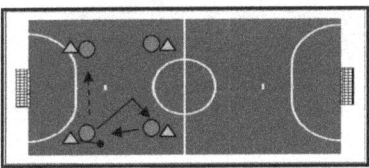

NOMBRE: "Rotaciones 3-1"
EDAD: 8 años en adelante.
AGRUPACIÓN: Cuartetos.
MATERIAL: 3 balones de fútbol sala y 12 conos.
OBJETIVOS: Iniciar a la táctica ofensiva.
CONTENIDOS: Rotaciones.
DESARROLLO: Práctica de rotaciones con el sistema de juego 3-1. Se colocan cuatro conos en el terreno de juego simulando las posiciones de los jugadores/as en el sistema 3-1. El cierre pasa el balón al ala izquierda y corta hacia la posición del pívot, el pívot se desplaza para ocupar la posición del ala izquierda, mientras este jugador/a conduce el balón hacia la posición del cierre para comenzar de nuevo la rotación pasándole el balón al ala derecho y cortando hacia la posición del pívot; y así sucesivamente.
VARIANTES: Aumentar el espacio de juego, con defensores pasivos y activos...
REPRESENTACIÓN GRÁFICA:

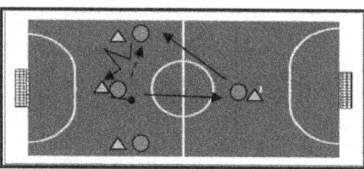

NOMBRE: "Partido con rotaciones"
EDAD: 8 años en adelante.
AGRUPACIÓN: Gran grupo.
MATERIAL: 1 balón de fútbol sala y 5 petos.
OBJETIVOS: Iniciar a la táctica ofensiva.
CONTENIDOS: Rotaciones.
DESARROLLO: Partido de fútbol sala, por cada rotación que el equipo atacante realice correctamente (manteniendo el equilibrio defensivo) sumará un punto para su equipo, cada gol marcado también valdrá un punto. Gana el equipo que más puntos consiga.
VARIANTES: Limitar el número de toques por jugador/a, cambiar el sistema de ataque (2-2, 3-1)...
REPRESENTACIÓN GRÁFICA:

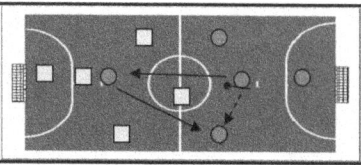

3.5. ESPACIOS LIBRES

Son los espacios libres del terreno de juego que el jugador/a de fútbol sala debe aprovechar para conseguir su objetivo.

En el deporte en general, como en el fútbol sala en particular, son importantísimos los movimientos de los jugadores/as sin balón para intentar aprovechar los espacios libres. Por ello se debe dedicar el tiempo necesario para el entrenamiento del juego sin balón.

Para aprovechar los espacios libres el jugador/a debe estar en constante movimiento, realizando ininterrumpidamente intercambios de puestos entre todos los jugadores/as de su equipo.

Se deben diferenciar tres fases principalmente: la creación de espacios, su ocupación y el aprovechamiento de los espacios.

- La creación de espacios libres

  o Los espacios libres se crean arrastrando nuestro marcador fuera de él, dejando ese espacio libre para que sea ocupado por otro compañero/a.

  o La creación de espacios libres resulta más fácil cuando el equipo defensor realiza un marcaje al hombre que cuando realiza un marcaje por zonas.

- Ocupación de espacios libres

  o Es cuando un jugador/a ocupa un espacio libre que anteriormente ha sido creado.

  o La ocupación del espacio depende del jugador/a y de su inteligencia táctica.

- Aprovechamiento de espacios libres

  o Una vez que se ha creado el espacio y se ha ocupado, el jugador/a que ha ocupado ese espacio tiene que aprovecharlo, recepcionando el balón y continuando con la acción del juego.

En definitiva, los espacios libres hay que crearlos, ocuparlos y aprovecharlos. Dependiendo todo ello fundamentalmente de la inteligencia táctica, tanto individual como colectiva del equipo. Es fundamental que este recurso táctico se entrene, dándole la importancia que se merece al entrenamiento del juego sin balón.

A continuación os presento mi propuesta lúdica para trabajar los espacios libres:

NOMBRE: "¡Espacio libre!"
EDAD: 8 años en adelante.
AGRUPACIÓN: Gran grupo.
MATERIAL: Ninguno.
OBJETIVOS: Iniciar a la táctica ofensiva.
CONTENIDOS: Espacios libres.
DESARROLLO: Un jugador/a se la queda y tiene que pillar al resto de compañeros/as. Estos no podrán ser pillados si se desplazan a un sitio en el que no hayan compañeros/as a 5 metros de distancia y dicen: "ESPACIO LIBRE". Éste jugador/a no se podrá mover hasta que lo toque otro compañero/a. Los jugadores/as ayudarán al compañero/a que va a ser pillado facilitándole un espacio libre. Cuando el jugador/a que se la queda pille a alguien intercambian los roles.
VARIANTES: Reducir el espacio de juego, aumentar el número de jugadores/as que pillan...
REPRESENTACIÓN GRÁFICA:

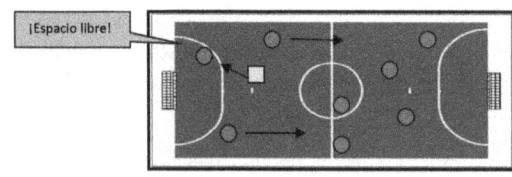

NOMBRE: "En busca del espacio"
EDAD: 8 años en adelante.
AGRUPACIÓN: Gran grupo.
MATERIAL: Ninguno.
OBJETIVOS: Iniciar a la táctica ofensiva.
CONTENIDOS: Espacios libres.
DESARROLLO: Todos los jugadores/as, por parejas, se desplazan libremente por el terreno de juego. A la señal del entrenador/a todos los jugadores/as se separarán de su pareja buscando un espacio libre. El último jugador/a en conseguirlo sumará un punto negativo. Ganará el jugador/a que menos puntos negativos tenga.
VARIANTES: Desplazamientos a un punto del campo determinado, tríos, cuartetos...
REPRESENTACIÓN GRÁFICA:

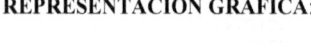
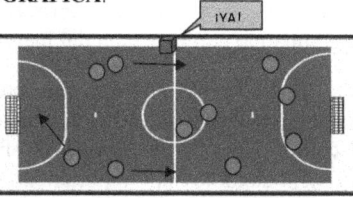

NOMBRE: "Espacios y trincheras"
EDAD: 8 años en adelante.
AGRUPACIÓN: Tríos.
MATERIAL: 5 aros.
OBJETIVOS: Iniciar a la táctica ofensiva.
CONTENIDOS: Espacios libres.
DESARROLLO: Por tríos. Se coloca un aro en el suelo. Un jugador/a buscará situarse dentro del aro, pero los otros dos jugadores/a intentarán que no lo consiga cortándole el paso. Los jugadores/as defensores no pueden entrar en el aro. Cada vez que lo consiga suma un punto. Cambio de roles cada 2'. Gana el jugador/a que más puntos consiga.
VARIANTES: 2x3, 3x4...
REPRESENTACIÓN GRÁFICA:

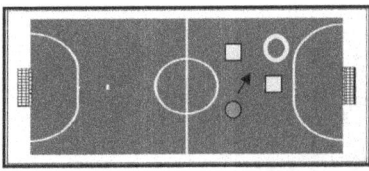

NOMBRE: "En busca del cono libre"
EDAD: 8 años en adelante.
AGRUPACIÓN: Gran grupo.
MATERIAL: 12 conos.
OBJETIVOS: Iniciar a la táctica ofensiva.
CONTENIDOS: Espacios libres.
DESARROLLO: Todos los jugadores/as se desplazan libremente por el terreno de juego, en el que hay colocados varios conos (uno menos que jugadores/as). A la señal del entrenador/a todos los jugadores/as buscarán un cono libre y se colocarán sobre él. Habrá un jugador/a que se quedará sin cono y será eliminado. A continuación, se quita un cono y se sigue jugando. Y así sucesivamente hasta que quede sólo un jugador/a.
VARIANTES: Desplazamientos de una forma específica...
REPRESENTACIÓN GRÁFICA:

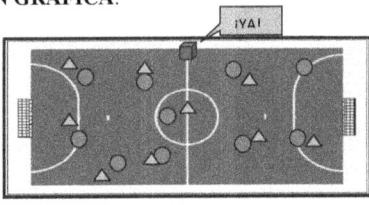

NOMBRE: "El rey del espacio libre"
EDAD: 8 años en adelante.
AGRUPACIÓN: Gran grupo.
MATERIAL: 16 conos, 5 petos y 1 balón de fútbol sala.
OBJETIVOS: Iniciar a la táctica ofensiva.
CONTENIDOS: Espacios libres.
DESARROLLO: Partido de fútbol sala. En el terreno de juego se colocan 4 zonas delimitadas por conos en la que sólo puede entrar un jugador/a del equipo atacante. En esa zona no se le puede robar el balón al jugador/a atacante. Gana el equipo que más goles consiga marcar.
VARIANTES: Disminuir las zonas delimitadas por conos, limitar el número de toques por jugador/a...
REPRESENTACIÓN GRÁFICA:

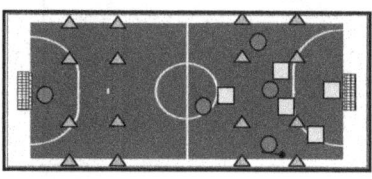

NOMBRE: "Ocupando y aprovechando los espacios libres"
EDAD: 8 años en adelante.
AGRUPACIÓN: Gran grupo.
MATERIAL: 1 balón de fútbol sala y 6 petos.
OBJETIVOS: Iniciar a la táctica ofensiva.
CONTENIDOS: Espacios libres.
DESARROLLO: Se enfrentan dos equipos de 6 jugadores/as (sin porteros). Cada vez que un jugador/a reciba un pase (libre de marcaje) aprovechando un espacio libre que haya sido creado por otro compañero/a de su equipo suma un punto. Gana el equipo que más puntos sume.
VARIANTES: Limitar el número de toques por jugador/a, reducir el espacio de juego...
REPRESENTACIÓN GRÁFICA:

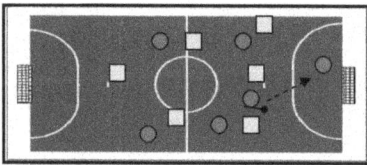

NOMBRE: "Espacios libres en superioridad numérica"
EDAD: 8 años en adelante.
AGRUPACIÓN: Gran grupo.
MATERIAL: 1 balón de fútbol sala.
OBJETIVOS: Iniciar a la táctica ofensiva.
CONTENIDOS: Espacios libres.
DESARROLLO: 3x2 en oleadas desde el centro del campo. Cambiar los jugadores/as defensores cada 3´. La jugada de ataque podrá ser finalizada cuando uno de sus jugadores/as reciba el balón en un espacio libre ocupado por él.
VARIANTES: Limitar el número de toques por jugador/a, limitar el tiempo para finalizar jugada, 4x3...
REPRESENTACIÓN GRÁFICA:

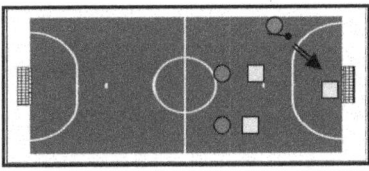

NOMBRE: "3x3 con espacios libres"
EDAD: 8 años en adelante.
AGRUPACIÓN: Sextetos.
MATERIAL: 2 balones de fútbol sala, 8 conos y 6 petos.
OBJETIVOS: Iniciar a la táctica ofensiva.
CONTENIDOS: Espacios libres.
DESARROLLO: Se disputa un tres contra tres en un espacio delimitado de 20x20. El equipo atacante sólo puede finalizar jugada cuando un jugador/a reciba el balón tras haber ocupado un espacio libre creado por su equipo. Gana el equipo que más goles marque.
VARIANTES: Limitar el número de toques por jugador/a...
REPRESENTACIÓN GRÁFICA:

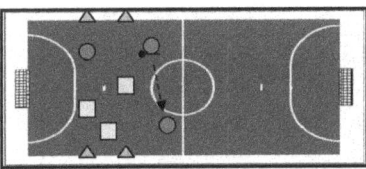

NOMBRE: "El partido de los espacios libres"
EDAD: 8 años en adelante.
AGRUPACIÓN: Gran grupo.
MATERIAL: 1 balón de fútbol sala y 5 petos.
OBJETIVOS: Iniciar a la táctica ofensiva.
CONTENIDOS: Espacios libres.
DESARROLLO: Partido de fútbol sala, cada vez que un jugador/a del equipo atacante reciba el balón libre de marcaje tras haber ocupado un espacio libre que haya sido creado por su equipo suma un punto para su equipo, cada gol marcado también valdrá un punto. Gana el equipo que más puntos consiga.
VARIANTES: Limitar el número de toques por jugador/a...
REPRESENTACIÓN GRÁFICA:

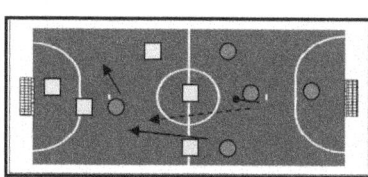

NOMBRE: "Partido con superioridad numérica"
EDAD: 8 años en adelante.
AGRUPACIÓN: Gran grupo.
MATERIAL: 1 balón de fútbol sala y 5 petos.
OBJETIVOS: Iniciar a la táctica ofensiva.
CONTENIDOS: Espacios libres.
DESARROLLO: Partido de fútbol sala, cada vez que el equipo defensor recupere el balón se saldrá un jugador/a del otro equipo del terreno de juego y tendrán una jugada en superioridad numérica (4x3), favoreciendo la creación de espacios libres. Gana el equipo que más goles consiga.
VARIANTES: Limitar el número de toques por jugador/a...
REPRESENTACIÓN GRÁFICA:

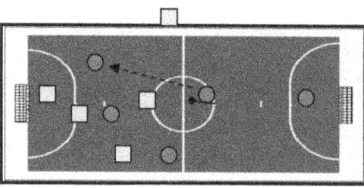

3.6. APOYOS Y BLOQUEOS

Los **apoyos** son las acciones tácticas que consisten en acercarse o alejarse al jugador/a con balón, evitando el marcaje y ofreciéndose para un posible pase de su compañero/a. Facilitando de ese modo la acción del compañero/a que está en posesión del balón. Los apoyos pueden ser laterales, diagonales, en profundidad, desde atrás y desde delante.

A la hora de realizar los apoyos hay que tener en cuenta que no siempre es lo mejor acercarse al compañero/a con balón sino que en ocasiones es preferible alejarse de él favoreciendo una acción de 1x1 como consecuencia de un aclarado.

Durante el juego al compañero/a poseedor del balón hay que ofrecerle el máximo de posibilidades facilitándole su acción. Cuando todos los jugadores/as de un equipo apoyan, situándose en línea de pase, desmarcándose o favoreciendo un aclarado están apoyando y facilitando la acción del poseedor del balón.

Dentro de las formas de apoyo está el **bloqueo** que es una acción de apoyo para impedir el acceso al balón de un jugador/a contrario. Con el bloqueo se puede proteger tanto al jugador/a en posesión del balón como al que se encuentra en disposición de recibirlo.

Los bloqueos deben ser acciones sincronizadas y coordinadas con todo el equipo, tanto con el jugador/a en posesión del balón como con el resto de jugadores/as.

A la hora de realizar un bloqueo hay que tener en cuenta algunos factores como el lugar del campo, la dirección de salida después del bloqueo, la coordinación entre el bloqueo y la acción posterior al mismo y las condiciones técnicas del compañero/a en posesión del balón.

Podemos clasificar los tipos de bloqueo de la siguiente forma:

- Por su aprovechamiento

    o Directo: cuando se favorece del bloqueo el jugador/a en posesión del balón.

    o Indirecto: cuando se favorece cualquiera de los jugadores/as que no tienen la posesión del balón.

- Por su realización

    o Parado

- En movimiento

• En estrategias

A continuación os presento mi propuesta lúdica para trabajar los apoyos y bloqueos:

NOMBRE: "¿A quién apoyo?"
EDAD: 8 años en adelante.
AGRUPACIÓN: Gran grupo.
MATERIAL: Ninguno.
OBJETIVOS: Iniciar a la táctica ofensiva.
CONTENIDOS: Apoyos.
DESARROLLO: Típico juego de pillar en el que un jugador/a se la queda y tiene que pillar al resto de compañeros/as. Los jugadores/as no podrán ser pillados, si se sitúan por parejas. No vale estar por parejas más de 5''. Si eso ocurre pasa a quedársela uno de los dos jugadores/as. Cuando el jugador/a que se la queda pille a alguien intercambian los roles.
VARIANTES: Reducir el espacio de juego, aumentar el número de jugadores/as que pillan...
REPRESENTACIÓN GRÁFICA:

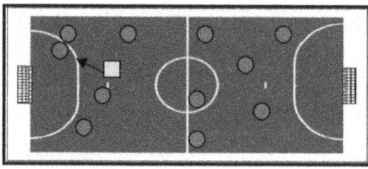

NOMBRE: "Apoyo y relevo"
EDAD: 8 años en adelante.
AGRUPACIÓN: Gran grupo.
MATERIAL: 4 balones de fútbol sala y 4 conos.
OBJETIVOS: Iniciar a la táctica ofensiva.
CONTENIDOS: Apoyos.
DESARROLLO: Divididos en equipos de cuatro jugadores/as, se disputa una carrera de relevos. Cada equipo con un balón, un jugador/a por equipo lo conduce hasta el centro del campo y vuelve hacia atrás del mismo modo. Entonces, un jugador/a de su equipo irá en su apoyo y le pasará el balón; éste lo conducirá y así sucesivamente. El primer equipo que termine el relevo suma un punto. Gana el equipo que primero consiga sumar cuatro puntos.
VARIANTES: Aumentar el espacio de juego...
REPRESENTACIÓN GRÁFICA:

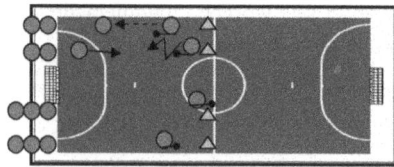

NOMBRE: "Me siento apoyado"
EDAD: 8 años en adelante.
AGRUPACIÓN: Tríos.
MATERIAL: 5 balones de fútbol sala.
OBJETIVOS: Iniciar a la táctica ofensiva.
CONTENIDOS: Apoyos.
DESARROLLO: Por tríos, un jugador/a con balón se desplazará por el terreno de juego realizando cambios de dirección y sentido por sorpresa. Los otros dos jugadores/as estarán en todo momento ofreciéndole un apoyo. Cuando crea conveniente le pasará el balón a un compañero/a y los otros seguirán apoyándole. Y así sucesivamente.
VARIANTES: Con defensores, reducir el espacio de juego...
REPRESENTACIÓN GRÁFICA:

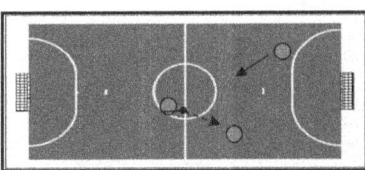

NOMBRE: "¿Cuántos tipos de apoyo hay?"
EDAD: 8 años en adelante.
AGRUPACIÓN: Pareja.
MATERIAL: 7 balones de fútbol sala.
OBJETIVOS: Iniciar a la táctica ofensiva.
CONTENIDOS: Apoyos.
DESARROLLO: Por parejas, un jugador/a de la pareja con balón. El jugador/a con balón se desplazará por el terreno de juego y el otro jugador/a irá realizando los apoyos que previamente diga el entrenador/a (laterales, diagonales, en profundidad, desde atrás y desde delante). Cada 3' intercambiarán los roles.
VARIANTES: Reducir el espacio de juego, por tríos (2 apoyos), cuartetos (3 apoyos)...
REPRESENTACIÓN GRÁFICA:

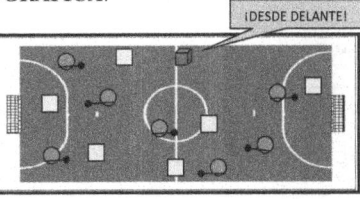

NOMBRE: "El comodín del apoyo"
EDAD: 8 años en adelante.
AGRUPACIÓN: Gran grupo.
MATERIAL: 1 balón de fútbol sala y 6 petos.
OBJETIVOS: Iniciar a la táctica ofensiva.
CONTENIDOS: Apoyos.
DESARROLLO: Partido de fútbol sala (5x5). Además, habrá un jugador/a que será comodín y siempre participará con el equipo atacante. El equipo atacante al tener un jugador/a más tendrá más opciones de apoyo que ofrecer al jugador/a con balón. Ganará el equipo que más goles consiga.
VARIANTES: Reducir el espacio de juego, limitar el número de toques por jugador/a, aumentar el número de comodines, realizar un tipo de apoyo específico...
REPRESENTACIÓN GRÁFICA:

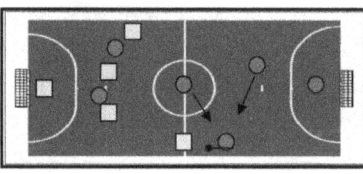

NOMBRE: "¡Quiero dos jugadores/as en línea de pase!"
EDAD: 8 años en adelante.
AGRUPACIÓN: Sextetos.
MATERIAL: 2 balones de fútbol sala, 6 petos y 8 conos.
OBJETIVOS: Iniciar a la táctica ofensiva.
CONTENIDOS: Apoyos.
DESARROLLO: Se disputa un 3x3 en un espacio delimitado de 20x20. El jugador/a que tenga la posesión del balón deberá tener siempre dos apoyos a los que poder pasarle el balón, es decir, dos compañeros/as en línea de pase. En caso contrario, perderá la posesión del balón. Ganará el equipo que más goles consiga marcar.
VARIANTES: Limitar el número de toques por jugador/a, realizar un tipo de apoyo específico...
REPRESENTACIÓN GRÁFICA:

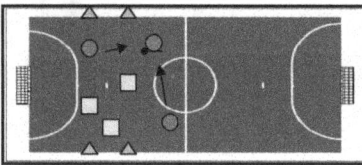

NOMBRE: "Marea de bloqueos"
EDAD: 8 años en adelante.
AGRUPACIÓN: Gran grupo.
MATERIAL: Ninguno.
OBJETIVOS: Iniciar a la táctica ofensiva.
CONTENIDOS: Bloqueos.
DESARROLLO: Se enfrentan dos equipos de 6 jugadores/as. Un equipo asumirá el rol de bloqueador y el otro de bloqueado. El equipo bloqueado se situará en el fondo de la pista y deberá cruzar al otro campo sin ser bloqueado por el otro equipo. Por cada jugador/a que consiga bloquear el equipo bloqueador sumará un punto. El bloqueo se deberá ejecutar correctamente. Cada 2´cambio de roles. Ganará el equipo que más puntos sume.
VARIANTES: Reducir el espacio de juego, realizar un tipo de bloqueo específico...
REPRESENTACIÓN GRÁFICA:

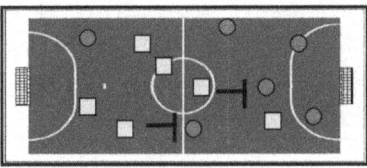

NOMBRE: "Pilla pilla con bloqueos"
EDAD: 8 años en adelante.
AGRUPACIÓN: Gran grupo.
MATERIAL: Ninguno.
OBJETIVOS: Iniciar a la táctica ofensiva.
CONTENIDOS: Bloqueos.
DESARROLLO: Un jugador/a se la queda y tiene que pillar al resto de compañeros/as. Para pillar a alguien no vale con cogerlo de la camiseta, sino que tiene que realizarle un bloqueo. Cuando consiga bloquear a alguien intercambiará los roles con el jugador/a bloqueado. El bloqueo se debe ejecutar correctamente. No vale salirse del espacio delimitado.
VARIANTES: Reducir el espacio de juego, aumentar el número de jugadores/as que se la quedan...
REPRESENTACIÓN GRÁFICA:

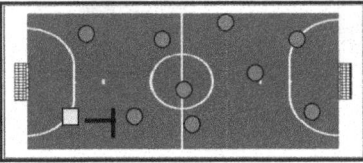

NOMBRE: "Bloqueo mímico"
EDAD: 8 años en adelante.
AGRUPACIÓN: Gran grupo.
MATERIAL: Ninguno.
OBJETIVOS: Iniciar a la táctica ofensiva.
CONTENIDOS: Bloqueos.
DESARROLLO: Dos jugadores/as se la quedan y tienen que representar mímicamente un tipo de bloqueo al resto del grupo. El jugador/a que lo acierte pasará a representar mímicamente eligiendo a un compañero/a para ello. Ganará el jugador/a que más aciertos consiga.
VARIANTES: Por tríos, cuartetos...
REPRESENTACIÓN GRÁFICA:

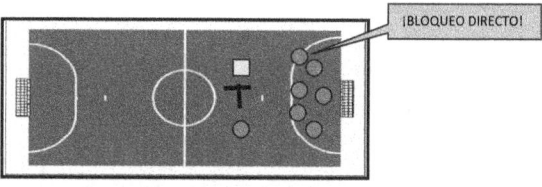

NOMBRE: "Bloquean a mi defensor y tiro"
EDAD: 8 años en adelante.
AGRUPACIÓN: Gran grupo.
MATERIAL: 3 balones de fútbol sala.
OBJETIVOS: Iniciar a la táctica ofensiva.
CONTENIDOS: Bloqueos.
DESARROLLO: Por tríos, en oleadas desde el centro del campo se disputa un 1x1. El jugador/a atacante, tendrá un compañero/a que le ayudará intentando bloquear al jugador/a defensor. Una vez que el jugador/a defensor sea bloqueado, el jugador/a atacante puede finalizar jugada. Hay que ejecutar el bloqueo correctamente. Los jugadores situados en tríos irán alternando los roles después de cada acción.
VARIANTES: 3x2, 4x3, realizar un tipo de bloqueo específico...
REPRESENTACIÓN GRÁFICA:

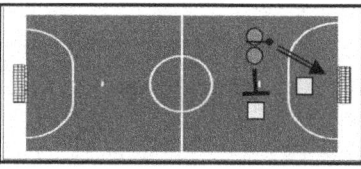

NOMBRE: "Partido con bloqueos"
EDAD: 8 años en adelante.
AGRUPACIÓN: Gran grupo.
MATERIAL: 1 balón de fútbol sala y 5 petos.
OBJETIVOS: Iniciar a la táctica ofensiva.
CONTENIDOS: Bloqueos.
DESARROLLO: Se disputa un partido de fútbol sala, con la excepción de que por cada bloqueo que realicen correctamente sobre un jugador/a defensor conseguirá un punto para su equipo, siempre que se favorezca con el bloqueo a un compañero/a. Por cada gol marcado también conseguirá un punto. Ganará el equipo que más puntos consiga.
VARIANTES: Limitar el número de toques por jugador/a, realizar un tipo de bloqueo específico...
REPRESENTACIÓN GRÁFICA:

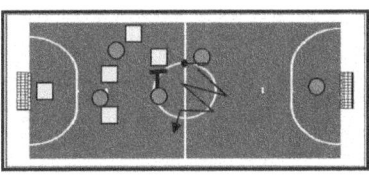

NOMBRE: "El bloqueador"
EDAD: 8 años en adelante.
AGRUPACIÓN: Septetos.
MATERIAL: 2 balones de fútbol sala, 8 petos y 8 conos.
OBJETIVOS: Iniciar a la táctica ofensiva.
CONTENIDOS: Bloqueos.
DESARROLLO: Se disputa un 3x3 en un espacio delimitado de 20x20. Participará también un comodín (el bloqueador) que irá siempre con el equipo atacante. Este comodín sólo podrá realizar bloqueos sobre el equipo defensor intentando ayudar al equipo atacante. No participará de ninguna otra manera en el juego. Ganará el equipo que más goles consiga marcar.
VARIANTES: Limitar el número de toques por jugador/a, aumentar el número de comodines, realizar un tipo de bloqueo específico...
REPRESENTACIÓN GRÁFICA:

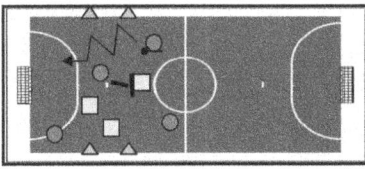

3.7. TEMPORIZACIONES

Las temporizaciones son las acciones que realiza el atacante con balón cuando percibe que su avance hacia la portería rival no va a tener éxito. Esta acción táctica ofensiva puede ser también por otro tipo de objetivos como ralentizar el juego, conservar el balón, encontrarse con el marcador a favor...

A continuación os presento mi propuesta lúdica para trabajar las temporizaciones. En este concepto había profundizado en otro apartado del libro pero con un enfoque muy distinto ya que en él trataba las temporizaciones a nivel defensivo y en este caso trato este concepto táctico desde un punto de vista ofensivo.

NOMBRE: "Pilla-temporizaciones"
EDAD: 8 años en adelante.
AGRUPACIÓN: Gran grupo.
MATERIAL: Ninguno.
OBJETIVOS: Iniciar a la táctica ofensiva.
CONTENIDOS: Temporizaciones.
DESARROLLO: Un jugador/a se la queda y tiene que pillar al resto de sus compañeros/as. Los compañeros/as no podrán ser pillados si temporizan la acción del adversario, es decir, engañándole, amagándole otra acción... Cuando el jugador/a que se la queda pille a alguien intercambian los roles. No vale salirse del espacio de juego.
VARIANTES: Reducir el espacio de juego, aumentar el número de jugadores/as que pillan...
REPRESENTACIÓN GRÁFICA:

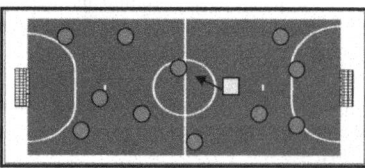

NOMBRE: "El rondo temporizador"
EDAD: 8 años en adelante.
AGRUPACIÓN: Quintetos.
MATERIAL: 3 balones de fútbol sala.
OBJETIVOS: Iniciar a la táctica ofensiva.
CONTENIDOS: Temporizaciones.
DESARROLLO: Cuatro jugadores/as se pasan el balón entre ellos y un jugador/a debe robarlo. Cada vez que consigan mantener la posesión del balón durante 1´, el jugador/a que se la queda recibirá un castigo (por ejemplo dar una vuelta corriendo al campo, realizar 10 abdominales, etc.). Cuando robe el balón intercambian los roles con el jugador/a que ha perdido el balón.
VARIANTES: Limitar el número de toques por jugador/a, aumentar el número de jugadores/as que roban el balón, reducir el espacio de juego...
REPRESENTACIÓN GRÁFICA:

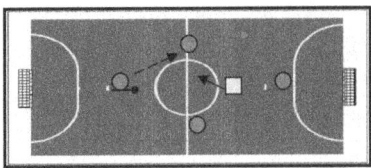

NOMBRE: "Temporizo para conservar el balón"
EDAD: 8 años en adelante.
AGRUPACIÓN: Gran grupo.
MATERIAL: 1 balón de fútbol sala y 6 petos.
OBJETIVOS: Iniciar a la táctica ofensiva.
CONTENIDOS: Temporizaciones.
DESARROLLO: Se enfrentan dos equipos de 6 jugadores/as. Ambos equipos tendrán que temporizar el juego buscando mantener la posesión del balón durante el mayor tiempo posible. Ganará el equipo que más pases seguidos de manera consecutiva consiga dar durante todo el juego. No se podrá robar directamente el balón al jugador/a que lo tenga en posesión, sino que será a través de una pérdida del equipo atacante o interceptando un pase.
VARIANTES: Limitar el número de toques por jugador/a, reducir el espacio de juego, aumentar o disminuir el número de jugadores/as por equipo...
REPRESENTACIÓN GRÁFICA:

NOMBRE: "El comodín temporizador"
EDAD: 8 años en adelante.
AGRUPACIÓN: Gran grupo.
MATERIAL: 1 balón de fútbol sala y 5 petos.
OBJETIVOS: Iniciar a la táctica ofensiva.
CONTENIDOS: Temporizaciones.
DESARROLLO: Se disputa un partido de fútbol sala, con la excepción de que participará un jugador/a comodín que irá siempre con el equipo atacante. Cuando este jugador/a reciba el balón no se lo podrán robar, aunque él tampoco podrá avanzar por el terreno de juego con el balón controlado. Ganará el equipo que más goles consiga marcar.
VARIANTES: Limitar el número de toques por jugador/a, aumentar el número de comodines...
REPRESENTACIÓN GRÁFICA:

NOMBRE: "Partido sin porterías"
EDAD: 8 años en adelante.
AGRUPACIÓN: Gran grupo.
MATERIAL: 1 balón de fútbol sala y 5 petos.
OBJETIVOS: Iniciar a la táctica ofensiva.
CONTENIDOS: Temporizaciones.
DESARROLLO: Se disputa un partido de fútbol sala. Cada vez que un equipo consiga temporizar una jugada, manteniendo la posesión del balón durante 2´, suma un punto para su equipo. Además, cuando lo consiga tendrá la opción de finalizar jugada. Por cada gol marcado también consiguen un punto. Gana el equipo que más puntos consiga.
VARIANTES: Limitar el número de toques por jugador/a, aumentar el tiempo de temporización...
REPRESENTACIÓN GRÁFICA:

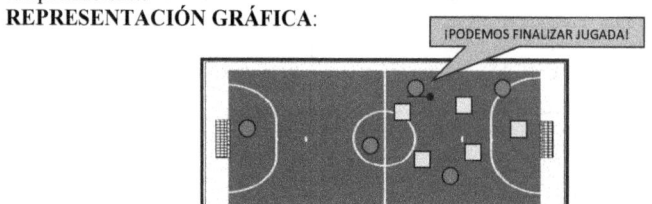

3.8. ACLARADOS

Es una acción táctica ofensiva que realizan los compañeros/as del jugador/a que tenga la posesión del balón, intentado crearle un espacio libre para que pueda ejecutar una acción de uno contra uno, sin que el jugador/a que defienda al atacante con balón pueda recibir ayudas o coberturas. Normalmente esta acción se realiza alejándose todos los compañeros/as del jugador/a en posesión del balón, favoreciéndole de este modo la acción de 1x1. Estas acciones tácticas ofensivas suelen estar previamente planificadas por el entrenador/a.

A continuación os presento mi propuesta lúdica para trabajar los aclarados:

NOMBRE: "Pilla-aclarados"
EDAD: 8 años en adelante.
AGRUPACIÓN: Gran grupo.
MATERIAL: Ninguno.
OBJETIVOS: Iniciar a la táctica ofensiva.
CONTENIDOS: Aclarados.
DESARROLLO: Un jugador/a se la queda y tiene que pillar al resto de sus compañeros/as. El jugador/a que vaya a ser pillado se puede salvar si todos sus compañeros/as se alejan de estos dos jugadores/as imitando un aclarado. En este caso, el jugador/a no podrá ser pillado. Cuando el jugador/a que se la queda pille a alguien intercambian los roles. No vale salirse del espacio de juego.
VARIANTES: Reducir el espacio de juego, aumentar el número de jugadores/as que pillan...
REPRESENTACIÓN GRÁFICA:

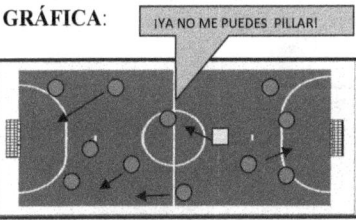

NOMBRE: "Simulando aclarados"
EDAD: 8 años en adelante.
AGRUPACIÓN: Tríos.
MATERIAL: 5 balones de fútbol sala.
OBJETIVOS: Iniciar a la táctica ofensiva.
CONTENIDOS: Aclarados.
DESARROLLO: Los jugadores/as se sitúan por tríos. Un jugador/a se desplaza con balón por el terreno de juego y los otros dos jugadores/as que simulan ser sus compañeros/as de equipo intentan alejarse en todo momento de su compañero/a con balón, simulando de ese modo un aclarado. Cada 3´ intercambian los roles.
VARIANTES: Cuartetos, quintetos, con defensores pasivos, con defensores activos...
REPRESENTACIÓN GRÁFICA:

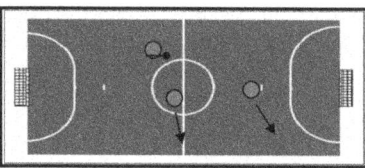

NOMBRE: "Los reyes del aclarado"
EDAD: 8 años en adelante.
AGRUPACIÓN: Gran grupo.
MATERIAL: 1 balón de fútbol sala.
OBJETIVOS: Iniciar a la táctica ofensiva.
CONTENIDOS: Aclarados.
DESARROLLO: Todos los jugadores/as se desplazan por el terreno de juego. Entre ellos se pasan un balón de fútbol sala. Todos los jugadores/as deben alejarse lo más rápido posible del jugador/a que tenga la posesión del balón, imitando un aclarado.
VARIANTES: Reducir el espacio de juego, aumentar el número de balones...
REPRESENTACIÓN GRÁFICA:

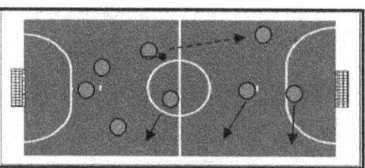

NOMBRE: "3x3 con aclarados"
EDAD: 8 años en adelante.
AGRUPACIÓN: Sextetos.
MATERIAL: 2 balones de fútbol sala, 8 conos y 6 petos.
OBJETIVOS: Iniciar a la táctica ofensiva.
CONTENIDOS: Aclarados.
DESARROLLO: Se disputa un 3x3 en un espacio delimitado de 20x20. Cada equipo para finalizar la jugada de ataque tendrá que realizar un aclarado previamente. En caso contrario, no podrá disparar a portería. Ganará el equipo que más goles consiga.
VARIANTES: Limitar el número de toques por jugador/a...
REPRESENTACIÓN GRÁFICA:

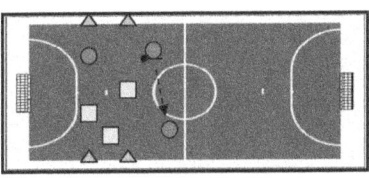

NOMBRE: "El partido del 1x1"
EDAD: 8 años en adelante.
AGRUPACIÓN: Gran grupo.
MATERIAL: 1 balón de fútbol sala y 5 petos.
OBJETIVOS: Iniciar a la táctica ofensiva.
CONTENIDOS: Aclarados.
DESARROLLO: Partido de fútbol sala con la excepción de que sólo se puede finalizar jugada tras resolver una acción de 1x1. Para favorecer estas acciones el equipo defensor siempre tendrá que marcar al hombre, favoreciendo de este modo el trabajo de los aclarados para el equipo atacante. Ganará el equipo que más goles consiga marcar.
VARIANTES: Limitar el número de toques por jugador/a, reducir el espacio de juego...
REPRESENTACIÓN GRÁFICA:

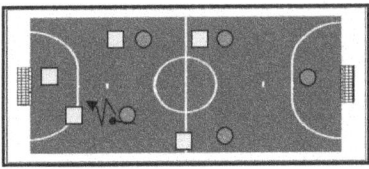

4. SISTEMAS DE JUEGO

El sistema de juego es la posición de referencia que adoptan los jugadores/as de un equipo en el terreno de juego durante el transcurso del partido. Los cuatro sistemas más usados actualmente son: 2-2, 1-2-1, 3-1, y 4-0. En la iniciación se debería trabajar todos los sistemas de juego dándole al jugador/a una mayor riqueza en este sentido. No existe un sistema de juego que sea perfecto, lo ideal es que el equipo utilice el sistema que mejor se adapte a sus jugadores/as, al resultado o al equipo rival.

4.1. Sistema 2-2.

Es el sistema más utilizado en los inicios al fútbol sala situándose dos jugadores/as en situación defensiva y los otros dos en situación de ataque. Independientemente de las posiciones específicas que ocupen los cuatro jugadores/as en el terreno de juego todos deben atacar y defender. En la iniciación al fútbol sala es un sistema muy usado porque es muy fácil de asimilar y de ejecutar.

Con este sistema existen dos líneas de juego plenamente definidas siendo un sistema que se caracteriza por su sencillez tanto en la colocación de los jugadores/as como en su posterior evolución en el juego.

Este sistema tiene una serie de ventajas:

- Eficaz para los jugadores/as que se inician en el fútbol sala.

- Facilita que los jugadores/as pasen por todos las posiciones de juego. En la iniciación debemos ser tolerantes con el posicionamiento de los jugadores/as favoreciendo que todos los jugadores/as pasen por todas las posiciones del sistema de juego.

- De fácil comprensión.

- No es necesaria mucha preparación física.

- Ejecutándolo correctamente se cierran muy bien los espacios al equipo adversario.

Este sistema también tiene una serie de inconvenientes:

- Ante un ataque o defensa del equipo adversario con tres jugadores/as siempre estaremos en inferioridad numérica.
- Se da iniciativa al equipo adversario.
- Si defendemos cerca de nuestra área se debe tapar el tiro exterior.
- Todos los jugadores/as deben estar muy concentrados para ejecutar coberturas y ayudas defensivas.

Este sistema se debe utilizar en la iniciación al fútbol sala, con equipos sénior con bajo nivel de juego y contra defensas cerradas.

A continuación os presento mi propuesta lúdica para trabajar el sistema 2-2:

NOMBRE: "Pilla-pilla por parejas"
EDAD: 8 años en adelante.
AGRUPACIÓN: Gran grupo.
MATERIAL: Ninguno.
OBJETIVOS: Iniciar a los sistemas de juego.
CONTENIDOS: Sistema 2-2.
DESARROLLO: Todos los jugadores/as se colocan por parejas agarrados de las manos. Una pareja se la queda y tiene que pillar al resto de compañeros/as. Cuando lo consigan intercambian los roles con la pareja que han pillado. Las parejas no pueden soltarse de las manos, no vale salirse del espacio delimitado.
VARIANTES: Aumentar el número de parejas que se la quedan, reducir el espacio de juego...
REPRESENTACIÓN GRÁFICA:

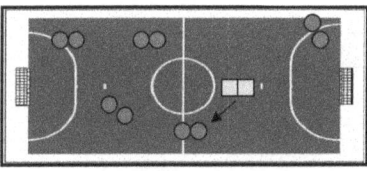

NOMBRE: "La caja"
EDAD: 8 años en adelante.
AGRUPACIÓN: Quintetos.
MATERIAL: 12 conos.
OBJETIVOS: Iniciar a los sistemas de juego.
CONTENIDOS: Sistema 2-2.
DESARROLLO: Se colocan cuatro conos en el terreno de juego, simulando el sistema de juego 2-2. En cada cono se sitúa un jugador/a y otro jugador/a se la queda situándose en el medio. Los jugadores/as deben intercambiar sus posiciones entre ellos y el jugador/a que se la queda debe aprovechar los conos que se quedan libres y situarse en uno. Cuando lo consiga pasa a quedársela el jugador/a que se ha quedado sin cono.
VARIANTES: Aumentar el espacio de juego, aumentar el número de jugadores/as que se la quedan...
REPRESENTACIÓN GRÁFICA:

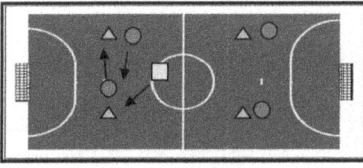

NOMBRE: "Sólo defiendo en 2-2"
EDAD: 8 años en adelante.
AGRUPACIÓN: Cuartetos.
MATERIAL: 3 balones de fútbol sala.
OBJETIVOS: Iniciar a los sistemas de juego.
CONTENIDOS: Sistema 2-2.
DESARROLLO: Se forman equipos de 4 jugadores/as más un portero que será el mismo para todos los equipos. Un equipo defiende utilizando el sistema de juego 2-2. Los otros equipos, por oleadas, atacarán al equipo defensor. El equipo que no consiga finalizar la jugada con un gol intercambiará los roles con el equipo que defiende. Ganará el equipo que más goles consiga marcar.
VARIANTES: Reducir el espacio de juego, limitar el número de toques por jugador/a, defender en una zona específica del terreno de juego: 3/4 de campo, ½ campo...
REPRESENTACIÓN GRÁFICA:

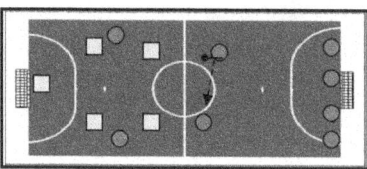

NOMBRE: "El 2-2 veloz"
EDAD: 8 años en adelante.
AGRUPACIÓN: Gran grupo.
MATERIAL: 4 conos y 12 balones de fútbol sala.
OBJETIVOS: Iniciar a los sistemas de juego.
CONTENIDOS: Sistema 2-2.
DESARROLLO: Todos los jugadores/as se desplazan por el terreno de juego y a la señal del entrenador/a se tienen que colocar todos en cuatro conos que simulan el sistema de juego 2-2. El último que con lo consiga recibirá un punto negativo. Ganará el jugador/a que menos puntos negativos tenga.
VARIANTES: Reducir el espacio de juego, desplazarse de una forma específica (hacia atrás, lateral, pata coja...), todos los jugadores/as con balón...
REPRESENTACIÓN GRÁFICA:

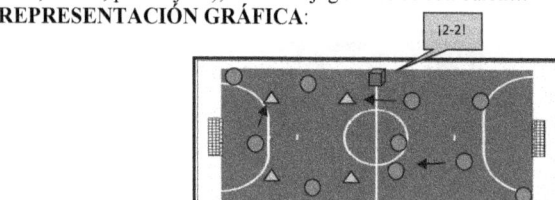

NOMBRE: "Rondo y finalización"
EDAD: 8 años en adelante.
AGRUPACIÓN: Quintetos.
MATERIAL: 2 balones de fútbol sala.
OBJETIVOS: Iniciar a los sistemas de juego.
CONTENIDOS: Sistema 2-2.
DESARROLLO: Se forman dos equipos de 5 jugadores/as que jugarán un rondo en cada campo (cuatro jugadores/as se pasan el balón y un jugador/a se la queda y tiene que robárselo). El jugador/a que se la queda será del equipo contrario. El equipo que consiga primero dar diez pases seguidos sin que le roben el balón realizará un ataque al equipo adversario utilizando el sistema 2-2. Cuando finalice la jugada, se empezará de nuevo con el rondo, y así sucesivamente. Ganará el equipo que más goles consiga.
VARIANTES: Limitar el número de toques por jugador/a...
REPRESENTACIÓN GRÁFICA:

NOMBRE: "Partido con el sistema 2-2"
EDAD: 8 años en adelante.
AGRUPACIÓN: Gran grupo.
MATERIAL: 1 balón de fútbol sala y 5 petos.
OBJETIVOS: Iniciar a los sistemas de juego.
CONTENIDOS: Sistema 2-2.
DESARROLLO: Se disputa un partido de fútbol sala. Un equipo siempre utilizará, tanto en defensa como en ataque, el sistema de juego 2-2. El otro equipo tendrá libertad para usar el sistema que quiera. Cada cierto tiempo cambiar los roles de los equipos. Ganará el equipo que más goles consiga marcar.
VARIANTES: Limitar el número de toques por jugador/a...
REPRESENTACIÓN GRÁFICA:

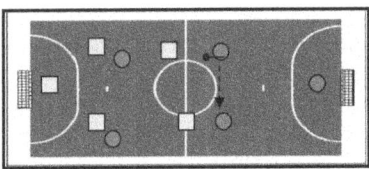

4.2. Sistema 1-2-1.

Este sistema de juego es muy utilizado hoy en día, tanto por equipos sénior como de base. También se le llama rombo. En este sistema el cierre es el jugador/a más retrasado, los alas están en el centro del terreno de juego (uno a la derecha y otro a la izquierda) y el pívot es el jugador/a más adelantado.

En el ataque con este sistema los jugadores/as adelantan sus posiciones y se colocan de la manera más apropiada para realizar los movimientos ofensivos buscando la mejor opción de finalización.

En defensa los jugadores/as se repliegan hasta la posición de la cancha desde donde iniciarán la defensa (3/4 de campo, ½ campo…) lo más rápido posible. Cuando el equipo atacante domina el juego por las bandas los alas deberán defender bien su zona del campo pero sin de dejar de tapar los posibles pases por el centro. Cuando el equipo adversario tiene un buen pívot, los dos alas deben hacer hincapié en cerrar el centro de la cancha para evitar los pases al pívot.

Tanto en ataque como en defensa, independientemente de las posiciones específicas que ocupen los jugadores/as en el terreno de juego, todos deben atacar y defender.

Este sistema tiene una serie de ventajas:

- Movimientos fáciles de ejecutar.
- Mejor apertura de la jugada de ataque.
- El equipo adversario no tiene tanta iniciativa.
- Facilidad para realizar coberturas y ayudas defensivas.

Este sistema tiene una serie de inconvenientes:

- Se necesita una buena preparación física
- En posiciones ofensivas hay mayor dificultad para realizar los apoyos.

Este sistema de juego se puede utilizar con equipos con nivel de juego medio-alto y al comienzo de los partidos para estudiar al adversario.

A continuación os presento mi propuesta lúdica para trabajar el sistema 1-2-1:

NOMBRE: "1-2-1 y no me pillan"
EDAD: 8 años en adelante.
AGRUPACIÓN: Gran grupo.
MATERIAL: Ninguno.
OBJETIVOS: Iniciar a los sistemas de juego.
CONTENIDOS: Sistema 1-2-1.
DESARROLLO: Un jugador/a se la queda y tiene que pillar al resto de compañeros/as que no podrán ser pillados cuando se coloquen cuatro jugadores/as juntos, simulando el sistema de juego 1-2-1. Cuando el jugador/a que se la queda pille a alguien intercambian los roles.
VARIANTES: Aumentar el número de jugadores/as que se la quedan, reducir el espacio de juego...
REPRESENTACIÓN GRÁFICA:

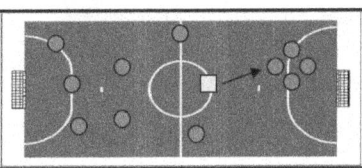

NOMBRE: "A coger mi posición"
EDAD: 8 años en adelante.
AGRUPACIÓN: Gran grupo.
MATERIAL: 1 lector de cd y música.
OBJETIVOS: Iniciar a los sistemas de juego.
CONTENIDOS: Sistema 1-2-1.
DESARROLLO: Se colocan cuatro conos en el terreno de juego simulando el sistema 1-2-1. Todos los jugadores/as se desplazarán dando vueltas alrededor de los conos al ritmo de la música. Cuando se pare la música todos se situarán en un cono. El último jugador/a que lo realice será eliminado. Así sucesivamente hasta que quede un jugador/a en cada cono que serán los ganadores/as.
VARIANTES: Desplazarse de una forma específica (hacia atrás, lateral, pata coja...), realizarlo por grupos...
REPRESENTACIÓN GRÁFICA:

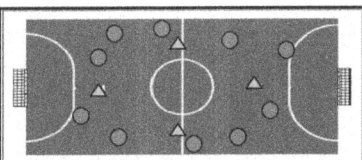

NOMBRE: "El rondo del 1-2-1"
EDAD: 8 años en adelante.
AGRUPACIÓN: Quintetos.
MATERIAL: 12 conos y 3 balones de fútbol sala.
OBJETIVOS: Iniciar a los sistemas de juego.
CONTENIDOS: Sistema 1-2-1.
DESARROLLO: Se divide al equipo en grupos de 5. En cada grupo se colocarán cuatro conos simulando el sistema 1-2-1. Un jugador/a se situará en cada cono. Estos se pasarán el balón entre ellos y un jugador/a se la quedará en el medio e intentará robarlo. Cuando lo consiga intercambiarán los roles con el jugador/a al que le ha robado el balón.
VARIANTES: Reducir el espacio de juego, limitar el número de toques por jugador/a...
REPRESENTACIÓN GRÁFICA:

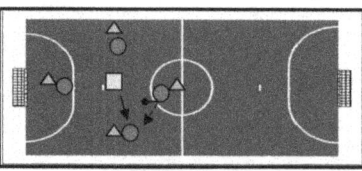

NOMBRE: "Imitamos el sistema"
EDAD: 8 años en adelante.
AGRUPACIÓN: Quintetos.
MATERIAL: 12 conos y 3 balones de fútbol sala.
OBJETIVOS: Iniciar a los sistemas de juego.
CONTENIDOS: Sistema 1-2-1.
DESARROLLO: Se divide al equipo en grupos de 5. En cada grupo se colocarán cuatro conos simulando el sistema 1-2-1. Un jugador/a se situará en cada cono. Estos jugadores/as se pasarán el balón entre ellos sin perder nunca la posición. Después avanzarán hacia portería contraria simulando este sistema de juego.
VARIANTES: Con oposición, limitar el número de toques por jugador/a...
REPRESENTACIÓN GRÁFICA:

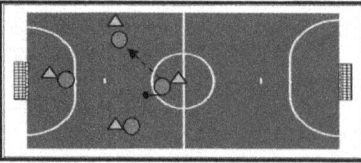

NOMBRE: "Práctico el 1-2-1"
EDAD: 8 años en adelante.
AGRUPACIÓN: Septetos.
MATERIAL: 8 conos, 2 balones de fútbol sala y 8 petos.
OBJETIVOS: Iniciar a los sistemas de juego.
CONTENIDOS: Sistema 1-2-1.
DESARROLLO: Se enfrentan dos equipos de tres jugadores/as en un campo limitado de 20x20. Además habrá un jugador/a comodín que siempre participará en el juego con el equipo atacante. El equipo que ataque jugará con el sistema de juego 1-2-1. Al gozar de superioridad el equipo que ataca se le facilita la práctica de este sistema. Ganará el equipo que más goles consiga marcar.
VARIANTES: Limitar el número de toques por jugador/a...
REPRESENTACIÓN GRÁFICA:

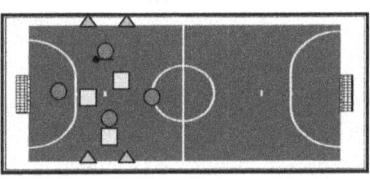

NOMBRE: "Partido con el sistema 1-2-1"
EDAD: 8 años en adelante.
AGRUPACIÓN: Gran grupo.
MATERIAL: 1 balón de fútbol sala y 5 petos.
OBJETIVOS: Iniciar a los sistemas de juego.
CONTENIDOS: Sistema 1-2-1.
DESARROLLO: Se disputa un partido de fútbol sala. Un equipo siempre utilizará, tanto en defensa como en ataque, el sistema de juego 1-2-1. El otro equipo tendrá libertad para usar el sistema que quiera. Cada cierto tiempo cambiar los roles de los equipos. Ganará el equipo que más goles consiga marcar.
VARIANTES: Limitar el número de toques por jugador/a...
REPRESENTACIÓN GRÁFICA:

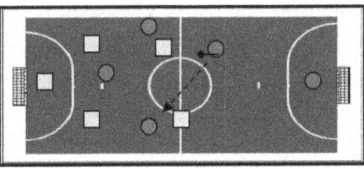

4.3. Sistema 3-1.

Este sistema es posterior al 2-2 y es mucho más perfeccionado que ese sistema. Principalmente consiste en colocar a tres jugadores/as en la zona de elaboración (un cierre y dos alas) y a un jugador/a en la zona de finalización (pívot).

Los alas marcarán a sus respectivos adversarios en labores defensivas y en ataque se desplazarán por los zonas libres de oponentes, apoyando en todo momento al compañero/a con balón. El cierre realizará acciones de marcaje o de cobertura a los alas en defensa y en ataque participará en la elaboración de la jugada. El pívot actuará normalmente en la zona de ataque por el centro intentando crear espacios libres. Las posiciones de los jugadores/as no suelen ser fijas ya que normalmente en ataque realizan movimientos de rotación buscando la creación de espacios libres con la intención de conseguir la mejor opción de finalización.

Este sistema tiene las siguientes características: tiene una predominancia atacante, permite mayor movilidad a los alas, permite la creación de espacios libres con el pívot, mayor posibilidad de coberturas por parte del cierre, es necesaria gran coordinación y atención, facilidad en la transición de ataque a defensa.

Este sistema tiene una serie de ventajas:

- Siempre se dispone de dos jugadores/as que apoyarán al jugador/a con balón.

- Cuando el equipo atacante intercepte el pase al pívot, habrá siempre tres jugadores/as por detrás de balón reduciendo de esa manera las posibilidades de contraataque del equipo adversario.

- Se dispone de espacio libre en la zona de finalización de la jugada.

- Ofrece muchas posibilidades ofensivas sin correr grandes riesgos defensivos.

Este sistema tiene una serie de inconvenientes:

- Requiere gran tiempo de elaboración de las jugadas.

- Es necesario disponer de jugadores/as técnicos y hábiles.

A continuación os presento mi propuesta lúdica para trabajar el sistema 3-1:

NOMBRE: "Sólo pilla la segunda línea defensiva"
EDAD: 8 años en adelante.
AGRUPACIÓN: Gran grupo.
MATERIAL: Ninguno.
OBJETIVOS: Iniciar a los sistemas de juego.
CONTENIDOS: Sistema 3-1.
DESARROLLO: Tres jugadores/as agarrados de las manos tienen que pillar al resto. Al jugador/a que pillen pasará a quedársela con ellos. Cuando sean seis los jugadores/as agarrados de las manos se separan de tres en tres y siguen pillando. Y así sucesivamente hasta que todos los jugadores/as sean pillados. No vale salirse del espacio delimitado.
VARIANTES: Aumentar el número de jugadores/as que se la quedan, reducir el espacio de juego...
REPRESENTACIÓN GRÁFICA:

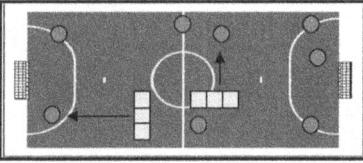

NOMBRE: "El pívot en busca y captura"
EDAD: 8 años en adelante.
AGRUPACIÓN: Cuartetos.
MATERIAL: Ninguno.
OBJETIVOS: Iniciar a los sistemas de juego.
CONTENIDOS: Sistema 3-1.
DESARROLLO: Por cuartetos, tres jugadores/as agarrados de las manos tienen que pillar al jugador/a restante. Cuando lo consiga intercambian los roles y se la queda otro jugador/a. Así sucesivamente hasta que todos los jugadores/as hayan pasado al menos una vez por el rol de jugador/a perseguido.
VARIANTES: Reducir el espacio de juego...
REPRESENTACIÓN GRÁFICA:

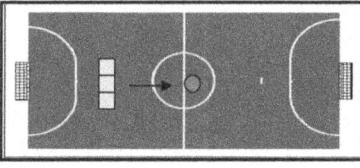

NOMBRE: "Me inicio en el sistema 3-1"
EDAD: 8 años en adelante.
AGRUPACIÓN: Cuartetos.
MATERIAL: 3 balones de fútbol sala.
OBJETIVOS: Iniciar a los sistemas de juego.
CONTENIDOS: Sistema 3-1.
DESARROLLO: Por cuartetos, simulando el sistema de juego 3-1. Los jugadores/as se pasarán el balón entre ellos, sin oposición, practicando este sistema de juego.
VARIANTES: Con oposición, reducir el espacio de juego...
REPRESENTACIÓN GRÁFICA:

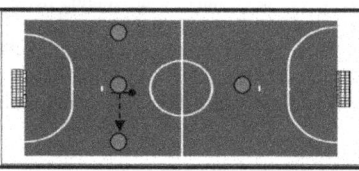

NOMBRE: "Me apoyo en el pívot"
EDAD: 8 años en adelante.
AGRUPACIÓN: Gran grupo.
MATERIAL: 1 balón de fútbol sala y 6 petos.
OBJETIVOS: Iniciar a los sistemas de juego.
CONTENIDOS: Sistema 3-1.
DESARROLLO: Partido de seis contra seis y de ellos dos jugadores/as de cada equipo harán la función de pívot, en una zona delimitada. Éstos se situarán en cada lateral del campo adversario. Para poder finalizar jugada el balón tendrá que pasar por uno de sus pívots al menos unas vez. Los pívots sólo se podrán mover por todo el lateral del campo adversario.
VARIANTES: Limitar el número de toques por jugador/a, reducir el espacio de juego...
REPRESENTACIÓN GRÁFICA:

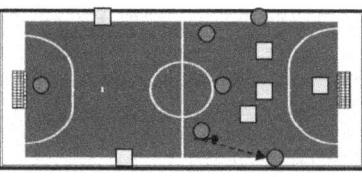

NOMBRE: "El comodín del pívot"
EDAD: 8 años en adelante.
AGRUPACIÓN: Septetos.
MATERIAL: 2 balones de fútbol sala, 8 conos y 8 petos.
OBJETIVOS: Iniciar a los sistemas de juego.
CONTENIDOS: Sistema 3-1.
DESARROLLO: Se disputa un 3x3 en una zona delimitada de 20x20. Habrá un jugador/a comodín que siempre actuará con el equipo adversario y realizará la función de pívot. El jugador/a comodín sólo podrá controlar el balón y pasarlo, sino la posesión del balón pasará al equipo adversario. Ganará el equipo que más goles consiga marcar durante el transcurso del juego.
VARIANTES: Limitar el número de toques por jugador/a...
REPRESENTACIÓN GRÁFICA:

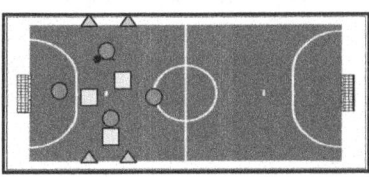

NOMBRE: "Partido con el sistema 3-1"
EDAD: 8 años en adelante.
AGRUPACIÓN: Gran grupo.
MATERIAL: 1 balón de fútbol sala y 5 petos.
OBJETIVOS: Iniciar a los sistemas de juego.
CONTENIDOS: Sistema 3-1.
DESARROLLO: Se disputa un partido de fútbol sala. Un equipo siempre utilizará, tanto en defensa como en ataque, el sistema de juego 3-1. El otro equipo tendrá libertad para usar el sistema que quiera. Cada cierto tiempo cambiar los roles de los equipos. Ganará el equipo que más goles consiga marcar.
VARIANTES: Limitar el número de toques por jugador/a...
REPRESENTACIÓN GRÁFICA:

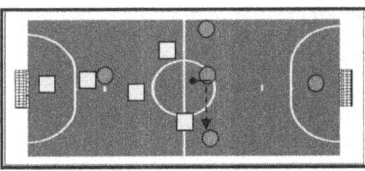

4.4. Sistema 4-0.

El sistema 4-0 ha sido el último sistema que se ha desarrollado en el fútbol sala. Es un sistema muy interesante cuando queramos desarrollar el ataque desde el centro del terreno de juego. Defensivamente es un sistema menos interesante ya que sus dos jugadores/as más ofensivos se abren mucho con lo cual defienden poco.

Se denomina así porque los cuatro jugadores/as se posicionan en línea o casi en línea en la zona de elaboración del ataque. Con este sistema se busca principalmente que el equipo defensor se coloque en línea para que con rápidos movimientos y pases al espacio libre conseguir ganarle la espalda obteniendo de ese modo una posición más favorable para poder finalizar la jugada.

Entre los cuatro jugadores/as se pasan el balón y realizan rotaciones continuas alternando siempre las entradas a posiciones más ofensivas con las salidas para mantener el equilibrio en ataque.

Es un sistema complejo de ejecutar ya que las acciones ofensivas y defensivas deben ser muy coordinadas.

Este sistema tiene una serie de ventajas:

- Es un sistema muy válido para utilizar cuando el quipo defensor nos presione ya que nos facilita poder ganarle la espalda en cualquier acción ofensiva.
- Facilidad para la creación de espacios libres.
- Se pueden mover a los jugadores/as adversarios hasta conseguir descolocarlos en defensa.
- Contra defensas que marquen al hombre ofrecen muchas posibilidades de movimiento y opciones de finalización.

Este sistema tiene una serie de desventajas:

- El nivel de coordinación entre los compañeros/as de equipo debe ser muy alto.
- Hay un gran desgaste físico.

- Para llevarlo a cabo se precisa una técnica muy depurada.
- Hay que evitar las pérdidas de balón.

A continuación os presento mi propuesta lúdica para trabajar el sistema 4-0.

NOMBRE: "No me pillan si nos juntamos en cuartetos"
EDAD: 8 años en adelante.
AGRUPACIÓN: Gran grupo.
MATERIAL: Ninguno.
OBJETIVOS: Iniciar a los sistemas de juego.
CONTENIDOS: Sistema 4-0.
DESARROLLO: Un jugador/a se la queda y tiene que pillar al resto de compañeros/as. Éstos no podrán ser pillados si se sitúan por cuartetos en el momento que vayan a ser pillados. El cuarteto no puede durar formado más de 5''. Cuando el jugador/a que se la queda pille a alguien intercambian los roles. No vale salirse del espacio delimitado.
VARIANTES: Aumentar el número de jugadores/as que se la quedan, reducir el espacio de juego...
REPRESENTACIÓN GRÁFICA:

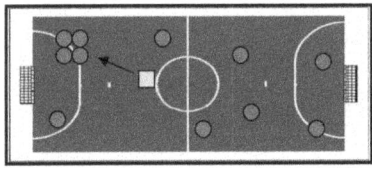

NOMBRE: "Corto rápido"
EDAD: 8 años en adelante.
AGRUPACIÓN: Gran grupo.
MATERIAL: Ninguno.
OBJETIVOS: Iniciar a los sistemas de juego.
CONTENIDOS: Sistema 4-0.
DESARROLLO: Por cuartetos, todos los jugadores/as se desplazan libremente por el terreno de juego. A la señal del entrenador/a los cuartetos se tienen que separar. El último que lo consiga sumara un punto negativo. Ganará el cuarteto que menos puntos negativos tenga.
VARIANTES: Reducir el espacio de juego...
REPRESENTACIÓN GRÁFICA:

NOMBRE: "Pilla pilla en equipo"
EDAD: 8 años en adelante.
AGRUPACIÓN: Gran grupo.
MATERIAL: Ninguno.
OBJETIVOS: Iniciar a los sistemas de juego.
CONTENIDOS: Sistema 4-0.
DESARROLLO: Cuatro jugadores/as agarrados de las manos tienen que pillar al resto de compañeros/as. Los jugadores/as que sean pillados estarán eliminados y así sucesivamente hasta que todos sean pillados. Cuando lo consigan se la quedarán otros cuatro jugadores/as. Ganará el cuarteto que tarde menos en pillar a todos sus compañeros/as.
VARIANTES: Reducir el espacio de juego...
REPRESENTACIÓN GRÁFICA:

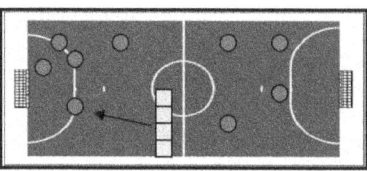

NOMBRE: "Practico el sistema 4-0"
EDAD: 8 años en adelante.
AGRUPACIÓN: Gran grupo.
MATERIAL: 2 balones de fútbol sala.
OBJETIVOS: Iniciar a los sistemas de juego.
CONTENIDOS: Sistema 4-0.
DESARROLLO: Por oleadas, desde el centro del campo cuatro jugadores/as atacarán la portería rival teniendo que superar a dos jugadores/as defensores y al portero. Para ello utilizarán siempre el sistema 4-0 con rotaciones contínuas. Cuando finalicen jugada o pierdan el balón le tocará al siguiente grupo. Cada cierto tiempo se cambiarán los jugadores/as defensores.
VARIANTES: Limitar el número de toques por jugador/a, aumentar el número de jugadores/as defensores...
REPRESENTACIÓN GRÁFICA:

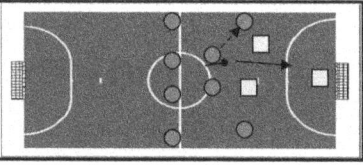

NOMBRE: "Paso y corto"
EDAD: 8 años en adelante.
AGRUPACIÓN: Grupos de 8.
MATERIAL: 8 conos, 2 balones de fútbol sala y 8 petos.
OBJETIVOS: Iniciar a los sistemas de juego.
CONTENIDOS: Sistema 4-0.
DESARROLLO: Se jugará un 4x4 en un espacio delimitado de 20x20. Ambos equipos jugarán siempre con el sistema 4-0 y realizarán rotaciones contínuas. Cuando un jugador/a pase el balón a su compañero/a tendrá que cortar hacia delante intentando crear un espacio libre. Cuando esto no ocurra perderán la posesión del balón. Ganará el equipo que más goles consiga marcar.
VARIANTES: Limitar el número de toques por jugador/a...
REPRESENTACIÓN GRÁFICA:

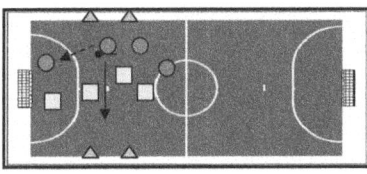

NOMBRE: "Partido con el sistema 4-0"
EDAD: 8 años en adelante.
AGRUPACIÓN: Gran grupo.
MATERIAL: 1 balón de fútbol sala y 5 petos.
OBJETIVOS: Iniciar a los sistemas de juego.
CONTENIDOS: Sistema 4-0.
DESARROLLO: Se disputa un partido de fútbol sala. Un equipo siempre utilizará, tanto en defensa como en ataque, el sistema de juego 4-0. El otro equipo tendrá libertad para usar el sistema que estime conveniente. Cada cierto tiempo cambiar los roles de los equipos. Ganará el equipo que más goles consiga marcar.
VARIANTES: Limitar el número de toques por jugador/a...
REPRESENTACIÓN GRÁFICA:

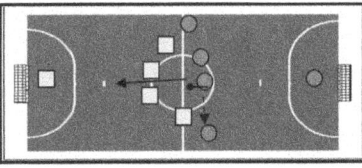

5. ACCIONES A BALÓN PARADO

Las acciones a balón parado son jugadas ensayadas que todo el equipo debe conocer. Estas jugadas se realizan en los saques de centro, de banda, de falta y de córner. Con estas acciones se busca sorprender al equipo adversario para poder finalizar la jugada con un gol. Para que el éxito de estas jugadas tenga un alto porcentaje se debe trabajar mucho en los entrenamientos, además deben ser usadas con inteligencia, habilidad y destreza.

5.1. Saque de centro

Debido a que usualmente los equipos comienzan los partidos bastante relajados es importante tener preparada una o varias estrategias para el saque de centro. Los equipos suelen comenzar los partidos relajados debido a que su concentración no es total y su sistema nervioso está alterado.

Si se realiza correctamente se puede conseguir gol rompiendo las tácticas iniciales del equipo adversario además de reforzar a nuestro equipo anímicamente. Aunque no se consiga marcar gol nos vamos a ganar el respeto del rival ya que daremos impresión de equipo preparado.

En el momento de realizar el saque de centro no se debe notar que tenemos algo preparado para esta acción a balón parado.

Normalmente estas acciones a balón parado son las que menos entrenan en los equipos, sin embargo tienen gran importancia pudiendo hasta influir en el resultado final de un partido. Es importante que un equipo tenga preparadas varias estrategias de saque de centro.

A continuación os presento mi propuesta lúdica para trabajar el saque de centro:

NOMBRE: "Para que no me pillen tengo que estar en el centro"
EDAD: 8 años en adelante.
AGRUPACIÓN: Gran grupo.
MATERIAL: Ninguno.
OBJETIVOS: Iniciar a las acciones a balón parado.
CONTENIDOS: Saque de centro.
DESARROLLO: Un jugador/a se la queda y tiene que pillar al resto de compañeros/as. Éstos no podrán ser pillados si se sitúan dentro del círculo central, pudiendo salir de él cada vez que lo estimen conveniente. Cuando el jugador/a que se la queda pille a alguien intercambian los roles. No vale salirse del espacio delimitado.
VARIANTES: Aumentar el número de jugadores/as que se la quedan, reducir el espacio de juego...
REPRESENTACIÓN GRÁFICA:

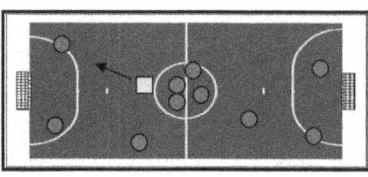

NOMBRE: "¡Saque de centro!"
EDAD: 8 años en adelante.
AGRUPACIÓN: Gran grupo.
MATERIAL: 1 balón de fútbol sala.
OBJETIVOS: Iniciar a las acciones a balón parado.
CONTENIDOS: Saque de centro.
DESARROLLO: Todos los jugadores/as se colocan dentro del círculo central alrededor de un balón de fútbol sala. Uno se la queda y lanza el balón con las manos hacia arriba diciendo el nombre de un compañero/a. El resto de jugadores/as salen corriendo alejándose del círculo central, todos menos el jugador/a que ha sido nombrado por el jugador/a que lanza el balón. Éste lo cogerá y dirá "¡Saque de centro!", en ese momento todos los jugadores/as se quedarán parados, él lanzará el balón hacia el jugador/a que estime conveniente e intentará darle. Si le da pasa a quedársela y así sucesivamente.
VARIANTES: Lanzar el balón con el pie, reducir el espacio de juego...
REPRESENTACIÓN GRÁFICA:

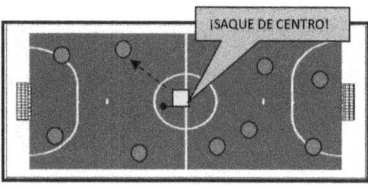

NOMBRE: "Atacar desde el inicio"
EDAD: 8 años en adelante.
AGRUPACIÓN: Gran grupo.
MATERIAL: 1 balón de fútbol sala y 5 petos.
OBJETIVOS: Iniciar a las acciones a balón parado.
CONTENIDOS: Saque de centro.
DESARROLLO: Se enfrentan dos equipos de fútbol sala en un espacio de 40x20. El equipo en posesión del balón iniciará la jugada sacando de centro y tendrá 5 pases para finalizar jugada. Una vez que finalice la jugada pasará la posesión al equipo adversario e iniciará el ataque desde el saque de centro. Además sólo se podrá dar dos toques seguidos al balón por jugador/a. Y así sucesivamente. Ganará el equipo que más goles consiga marcar.
VARIANTES: Aumentar o disminuir el número de pases por jugada...
REPRESENTACIÓN GRÁFICA:

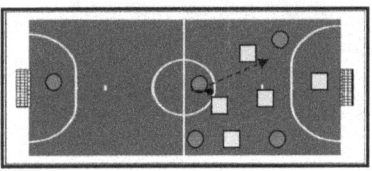

NOMBRE: "Ensayar estrategias de saques de centro"
EDAD: 8 años en adelante.
AGRUPACIÓN: Gran grupo.
MATERIAL: 4 balones de fútbol sala.
OBJETIVOS: Iniciar a las acciones a balón parado.
CONTENIDOS: Saque de centro.
DESARROLLO: En grupos de cuatro se ensayarán diferentes jugadas de saque de centro propuestas por el entrenador/a y se finalizará la jugada tirando a portería.
VARIANTES: Ensayar con defensores pasivos, defensores activos...
REPRESENTACIÓN GRÁFICA:

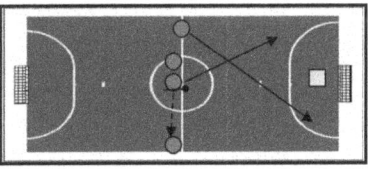

NOMBRE: "Los goles de saque de centro valen doble"
EDAD: 8 años en adelante.
AGRUPACIÓN: Gran grupo.
MATERIAL: 1 balón de fútbol sala y 5 petos.
OBJETIVOS: Iniciar a las acciones a balón parado.
CONTENIDOS: Saque de centro.
DESARROLLO: Se disputa un partido de fútbol sala. Los goles que consiga cada equipo a través de una estrategia de saque de centro valen doble. Ganará el equipo que más goles consiga marcar en total.
VARIANTES: Limitar el número de toques por jugador/a...
REPRESENTACIÓN GRÁFICA:

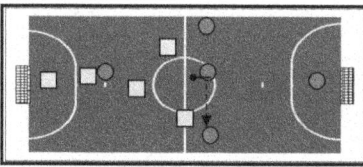

5.2. Saque de banda

En los saques de banda tendremos que tener en cuenta principalmente el lugar desde donde se va a efectuar, además de las condiciones tácticas que se dan a la hora de ejecutar el saque de banda. Si esta acción a balón parado se efectúa en nuestro campo sacaremos normalmente hacia atrás para iniciar la elaboración del ataque, si se ejecuta en nuestro campo y nos presionan buscaremos el saque al pívot y si el saque se realiza en el campo adversario normalmente realizaremos acciones estratégicas preparadas.

Antes de efectuar un saque de banda debemos tener conciencia de la situación de los jugadores/as en el terreno de juego, tanto de nuestros compañeros/as como de los jugadores/as del equipo adversario. También es importante tener en cuenta la posibilidad de pasarle al portero, utilizar la estrategia en el momento adecuado, temporizar el juego cuando la acción del juego así lo requiera y que los jugadores/as apoyen al jugador/a que va a sacar de banda. Es fundamental la movilidad de los jugadores/as del equipo que va a realizar el saque de banda.

A continuación os presento mi propuesta lúdica para trabajar el saque de banda:

NOMBRE: "Sobre línea de banda no me pillan"
EDAD: 8 años en adelante.
AGRUPACIÓN: Gran grupo.
MATERIAL: Ninguno.
OBJETIVOS: Iniciar a las acciones a balón parado.
CONTENIDOS: Saque de banda.
DESARROLLO: Un jugador/a se la queda y tiene que pillar al resto de compañeros/as. Éstos no podrán ser pillados si se sitúan en las líneas de banda del terreno de juego. Pudiéndose desplazar por estas líneas con total libertad. Cuando el jugador/a que se la queda pille a alguien intercambian los roles. No vale salirse del espacio delimitado.
VARIANTES: Aumentar el número de jugadores/as que pillan, reducir el espacio de juego...
REPRESENTACIÓN GRÁFICA:

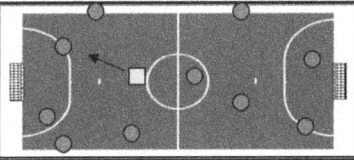

NOMBRE: "Líneas de banda y líneas de fondo"
EDAD: 8 años en adelante.
AGRUPACIÓN: Gran grupo.
MATERIAL: 15 balones de fútbol sala.
OBJETIVOS: Iniciar a las acciones a balón parado.
CONTENIDOS: Saque de banda.
DESARROLLO: Todos los jugadores/as se desplazan libremente por el terreno de juego. Cuando el entrenador/a diga "líneas de banda" o "líneas de fondo", los jugadores/as tendrán que situarse sobre las líneas que ha dicho el entrenador/a. El último jugador/a que lo consiga sumará un punto negativo. Ganará el jugador/a que menos puntos negativos tenga.
VARIANTES: Desplazarse de diferentes formas (lateral, hacia atrás...), todos los jugadores/as con balón...
REPRESENTACIÓN GRÁFICA:

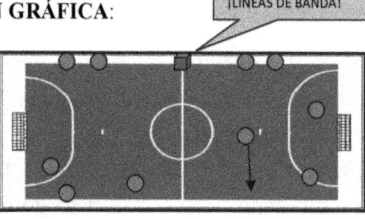

NOMBRE: "El comodín del saque de banda"
EDAD: 8 años en adelante.
AGRUPACIÓN: Gran grupo.
MATERIAL: 1 balón de fútbol sala y 5 petos.
OBJETIVOS: Iniciar a las acciones a balón parado.
CONTENIDOS: Saque de banda.
DESARROLLO: Se disputa un 5x5 en un espacio de 40x20. Además habrá también dos jugadores/as comodines que se colocarán cada uno en una banda. Estos jugadores/as participarán en el juego con el equipo que ataque. En cada jugada el balón pasará al menos una vez por uno de los jugadores/as comodines para poder finalizarla. Cada vez que reciba el balón realizarán un saque de banda. Ganará el equipo que más goles consiga marcar.
VARIANTES: Aumentar el número de comodines...
REPRESENTACIÓN GRÁFICA:

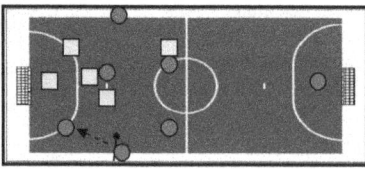

NOMBRE: "Sacar de banda es un seguro"
EDAD: 8 años en adelante.
AGRUPACIÓN: Gran grupo.
MATERIAL: 2 balones de fútbol sala, 6 petos y 8 conos.
OBJETIVOS: Iniciar a las acciones a balón parado.
CONTENIDOS: Saque de banda.
DESARROLLO: Se disputa un 3x3 en un espacio delimitado de 20x20. Cada vez que un equipo pierda el balón después de un saque de banda recuperará la posesión del balón iniciando la jugada nuevamente con un saque de banda. Ganará el equipo que más goles consiga marcar.
VARIANTES: Limitar el número de toques por jugador/a, limitar el número seguido de saques de banda...
REPRESENTACIÓN GRÁFICA:

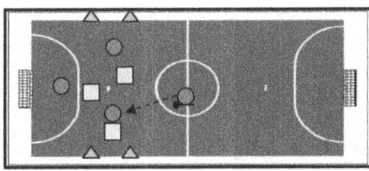

NOMBRE: "Los goles de saque de banda tienen premio"
EDAD: 8 años en adelante.
AGRUPACIÓN: Gran grupo.
MATERIAL: 1 balón de fútbol sala y 5 petos.
OBJETIVOS: Iniciar a las acciones a balón parado.
CONTENIDOS: Saque de banda.
DESARROLLO: Se disputa un partido de fútbol sala. Los goles que consiga cada equipo a través de una estrategia de saque de banda valen doble. Ganará el equipo que más goles consiga marcar en total.
VARIANTES: Limitar el número de toques por jugador/a...
REPRESENTACIÓN GRÁFICA:

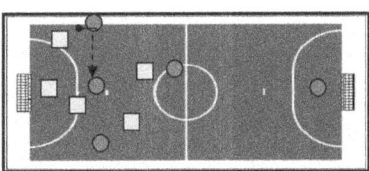

5.3. Saque de falta

Estas acciones a balón parado son ideales para la consecución de goles. En los saques de falta siempre hay que tener algún movimiento ensayado con varias opciones de finalización, lo que aumentará las posibilidades de conseguir gol.

Antes de ejecutar una falta hay que tener en cuenta la distancia desde donde se va a ejecutar, el número de jugadores/as adversarios que se sitúan en la barrera y su disposición y la colocación del resto de jugadores/as adversarios.

Para aumentar la eficacia de estas acciones a balón parado se preparará un mismo posicionamiento con varias opciones de finalización. En los entrenamientos es importante que todos los jugadores/as pasen por todas las posiciones. El lanzador tiene que ser un jugador/a con una gran visión de juego y velocidad de reacción, además de tener una gran inteligencia táctica. Este jugador/a debe realizar una lectura del juego y elegir la mejor opción para finalizar la jugada. No hace falta que estas estrategias sean movimientos complejos, es mejor movimientos que sean fáciles de realizar. De esta forma lo recordarán mejor los jugadores/as y aumentarán las posibilidades de éxito de la jugada.

Los saques de falta deben tener una atención muy importante dentro de las sesiones de entrenamiento, dedicándoles el tiempo suficiente ya que es una acción a balón parado que nos puede dar muchos goles.

A continuación os presento mi propuesta lúdica para trabajar los saques de falta:

NOMBRE: "Simulamos una barrera para que no nos pillen"
EDAD: 8 años en adelante.
AGRUPACIÓN: Gran grupo.
MATERIAL: Ninguno.
OBJETIVOS: Iniciar a las acciones a balón parado.
CONTENIDOS: Saque de falta.
DESARROLLO: Un jugador/a se la queda y tiene que pillar al resto de compañeros/as. Éstos no podrán ser pillados si se colocan por tríos simulando una barrera. Cuando el jugador/a que se la queda pille a alguien intercambian los roles. No vale salirse del espacio delimitado.
VARIANTES: Aumentar el número de jugadores/as que pillan, reducir el espacio de juego...
REPRESENTACIÓN GRÁFICA:

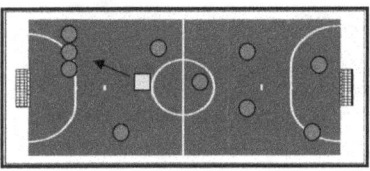

NOMBRE: "A 5 metros, ¡por favor!"
EDAD: 8 años en adelante.
AGRUPACIÓN: Gran grupo.
MATERIAL: 4 balones de fútbol sala.
OBJETIVOS: Iniciar a las acciones a balón parado.
CONTENIDOS: Saque de falta.
DESARROLLO: Un jugador/a se la queda y tiene que pillar al resto de compañeros/as. Los jugadores/as se pasarán dos balones entre ellos para evitar ser pillados. El jugador/a que se la queda no podrá acercarse a menos de 5 metros de los jugadores/as que tengan balón, por lo que estos no podrán ser pillados. No vale salirse del espacio delimitado.
VARIANTES: Aumentar el número de jugadores/as que pillan, reducir el espacio de juego, aumentar o disminuir el número de balones...
REPRESENTACIÓN GRÁFICA:

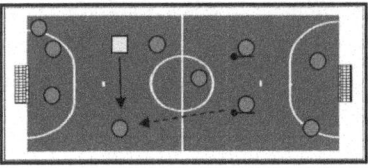

NOMBRE: "Falta mímica"
EDAD: 8 años en adelante.
AGRUPACIÓN: Cuartetos.
MATERIAL: 4 balones de fútbol sala y 12 conos.
OBJETIVOS: Iniciar a las acciones a balón parado.
CONTENIDOS: Saque de falta.
DESARROLLO: En grupos de 4 jugadores/as tienen que inventar una jugada ensayada de falta. Al final todos los grupos la representarán mímicamente. Ganará el grupo que sea más eficaz y original.
VARIANTES: Representarlo con defensores pasivos, activos...
REPRESENTACIÓN GRÁFICA:

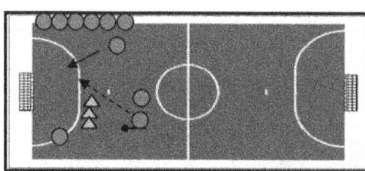

NOMBRE: "Finalizo jugada con un saque de falta"
EDAD: 8 años en adelante.
AGRUPACIÓN: Gran grupo.
MATERIAL: 1 balón de fútbol sala y 5 petos.
OBJETIVOS: Iniciar a las acciones a balón parado.
CONTENIDOS: Saque de falta.
DESARROLLO: Se enfrentan dos equipos de 5 jugadores/as cada uno en un espacio de 40x20. Cuando el equipo que ataca entre en campo adversario finalizarán siempre jugada ejecutando un tiro de falta desde donde lo consideren conveniente. Si consiguen marcar gol podrán repetir otra vez. Si pierden el balón atacará el otro equipo. Ganará el equipo que consiga marcar más goles.
VARIANTES: Ejecutar los saques de falta desde un lugar específico...
REPRESENTACIÓN GRÁFICA:

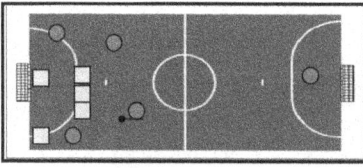

NOMBRE: "Los goles de saque de falta interesan"
EDAD: 8 años en adelante.
AGRUPACIÓN: Gran grupo.
MATERIAL: 1 balón de fútbol sala y 5 petos.
OBJETIVOS: Iniciar a las acciones a balón parado.
CONTENIDOS: Saque de falta.
DESARROLLO: Se disputa un partido de fútbol sala. Los goles que consiga cada equipo a través de una estrategia de saque de falta valen doble. Ganará el equipo que más goles consiga marcar en total.
VARIANTES: Limitar el número de toques por jugador/a...
REPRESENTACIÓN GRÁFICA:

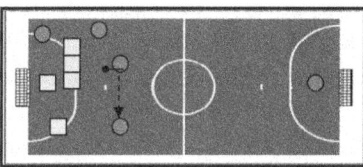

5.4. Saque de córner

Un saque de córner tiene una serie de aspectos favorables: al tener la posesión del balón dominamos el ritmo del partido, el equipo adversario no conoce la acción que vamos a realizar, al posicionar a nuestros jugadores/a donde más nos interese vamos a modificar la posición de los jugadores/as contrarios.

A la hora de ejecutar un córner debemos evitar una posible pérdida de balón intentando finalizar la jugada y evitando el contraataque del equipo rival. En la finalización de una jugada de córner debemos evitar que el balón acabe en las manos del portero, es mejor que el balón acabe fuera del campo. Ante este tipo de acción a balón parado debemos tener preparado como vamos a realizar el repliegue ante una posible pérdida de balón, la cual debemos minimizar.

El jugador/a que debe ejecutar el saque de córner debe tener inteligencia táctica además de una gran visión de juego, ya que debe elegir la mejor opción.

A continuación os presento mi propuesta lúdica para trabajar el saque de córner:

NOMBRE: "En las esquinas está la salvación"
EDAD: 8 años en adelante.
AGRUPACIÓN: Gran grupo.
MATERIAL: Ninguno.
OBJETIVOS: Iniciar a las acciones a balón parado.
CONTENIDOS: Saque de córner.
DESARROLLO: Un jugador/a se la queda y tiene que pillar al resto de compañeros/as. Éstos no podrán ser pillados si se sitúan en cualquiera de las esquinas del terreno de juego. Cuando el jugador/a que se la queda pille a alguien intercambian los roles. No vale salirse del espacio delimitado.
VARIANTES: Aumentar el número de jugadores/as que pillan, reducir el espacio de juego...
REPRESENTACIÓN GRÁFICA:

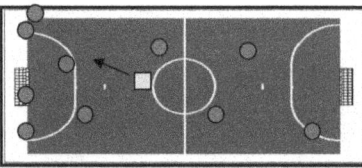

NOMBRE: "Tengo un comodín en cada esquina"
EDAD: 8 años en adelante.
AGRUPACIÓN: Gran grupo.
MATERIAL: 1 balón de fútbol sala y 7 petos.
OBJETIVOS: Iniciar a las acciones a balón parado.
CONTENIDOS: Saque de córner.
DESARROLLO: Se disputa un 5x5 en un espacio de 40x20. Cada equipo dispondrá de dos jugadores/as comodines que se colocarán en cada esquina de la línea de fondo del campo del equipo adversario. Para poder finalizar jugada el balón tendrá que pasar al menos una vez por alguno de los comodines. Ganará el equipo que más goles consiga.
VARIANTES: Limitar el número de toques por jugador/a...
REPRESENTACIÓN GRÁFICA:

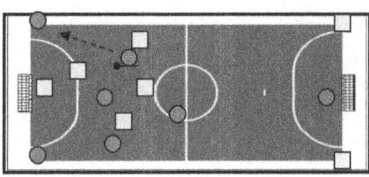

NOMBRE: "Cuando recupero el balón saco de esquina"
EDAD: 8 años en adelante.
AGRUPACIÓN: Gran grupo.
MATERIAL: 1 balón de fútbol sala y 5 petos.
OBJETIVOS: Iniciar a las acciones a balón parado.
CONTENIDOS: Saque de córner.
DESARROLLO: Se disputa un 5x5 en un espacio de 40x20. Cada vez que un equipo recupere el balón comenzará jugada ejecutando un saque de córner. Ganará el equipo que más goles consiga.
VARIANTES: Limitar el número de toques por jugador/a, ejecutar el saque de esquina con alguna jugada ensayada, ejecutarlo limitando el número de pases para finalizar jugada...
REPRESENTACIÓN GRÁFICA:

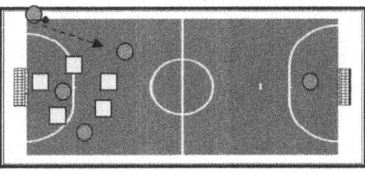

NOMBRE: "Ensayar estrategias de saque de córner"
EDAD: 8 años en adelante.
AGRUPACIÓN: Cuartetos.
MATERIAL: 4 balones de fútbol sala.
OBJETIVOS: Iniciar a las acciones a balón parado.
CONTENIDOS: Saque de córner.
DESARROLLO: En grupos de cuatro se ensayarán diferentes jugadas de saque de córner propuestas por el entrenador/a y se finalizará la jugada tirando a portería.
VARIANTES: Ensayar con defensores pasivos, defensores activos...
REPRESENTACIÓN GRÁFICA:

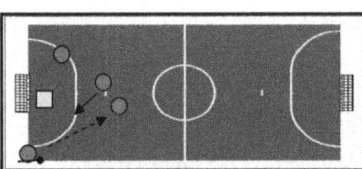

NOMBRE: "Los goles de córner valen doble"
EDAD: 8 años en adelante.
AGRUPACIÓN: Gran grupo.
MATERIAL: 1 balón de fútbol sala y 5 petos.
OBJETIVOS: Iniciar a las acciones a balón parado.
CONTENIDOS: Saque de córner.
DESARROLLO: Se disputa un partido de fútbol sala. Los goles que consiga cada equipo a través de una estrategia de saque de córner valen doble. Ganará el equipo que más goles consiga marcar en total.
VARIANTES: Limitar el número de toques por jugador/a...
REPRESENTACIÓN GRÁFICA:

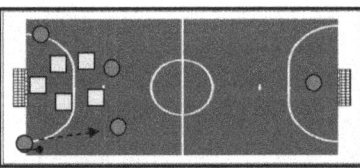

6. BIBLIOGRAFÍA

- Beltrán, F. (1991). Iniciación al fútbol sala. Ed. Cepid. Zaragoza.
- Blázquez, D. (1986). Iniciación a los deportes de equipo. Ed. Martínez Roca. Barcelona.
- Camerino, O. y Castaner M. (1995). 1001 ejercicios y juegos de recreación. Ed. Paidotribo. Barcelona.
- Choque, J. (1996). 1000 ejercicios y juegos de gimnasia recreativa. Ed. Hispano Europea. Barcelona.
- García Fernández, P. (2005). Fundamentos teóricos del juego. Ed. Wanceulen. Sevilla.
- García López, A. y otros. (1998). Los juegos en la educación física de los 6 a los 12 años. Ed. Inde. Barcelona.
- García Ocaña, F. (2004). 250 actividades sociomotrices de fútbol y fútbol sala. Ed. Paidotribo. Barcelona.
- Greeenaway, K. (1989). Libro de juegos. Ed. Libertarias. Madrid.
- Guerrero Cáceres, F. J. (2010). Iniciación técnica del fútbol sala a través del juego. Ed. Wanceulen. Sevilla.
- Méndez, A. y Méndez, C. (1996). Los juegos en el currículum de la educación física. Ed. Paidotribo. Barcelona.
- Moreno, M. (1997). Táctica, estrategia y sistemas de juego. Real Federación Española de Fútbol. Madrid.
- Moreno, M. (1997). Técnica individual y colectiva en el fútbol sala. Real Federación Española de Fútbol. Madrid.
- Sampedro, J. (1993). Iniciación al fútbol sala. Ed. Gymnos. Madrid.
- Sampredo, J. (1997). Fútbol sala, las acciones del juego. Ed Gymnos. Madrid.
- Sánchez Bañuelos, F. (1992). Bases para una didáctica de la educación física y los deportes. Ed. Gymnos. Madrid.
- Segura, J. (1991). 1009 ejercicios y juegos de fútbol. Ed. Paidotribo. Barcelona.
- Valdericeda, F. (2008). Fútbol sala: la táctica y sus ejercicios. Editorial Mape.

www.ingramcontent.com/pod-product-compliance
Lightning Source LLC
Chambersburg PA
CBHW071217160426
43196CB00012B/2331